大阪大学総合学術博物館叢書 22

三人の藤野先生、その生涯と交流
―医家に流れる適塾の精神―

西川 哲矢 編著

はじめに

　幕末大坂の蘭方医・緒方洪庵は優れた医者、蘭学者として名を馳せる一方、蘭学塾"適塾"を開き、多くの門弟を育てたことで有名である。洪庵の高弟の一人に藤野 升八郎（1822 〜 1882）がいる。越前国坂井郡本荘 郷下番村（現在の福井県あわら市）の出身であり、実家は代々医業を営む家であった。1846 年に適塾に入門した升八郎は、勉学に励み諸師についたが、洪庵との交流は深く、その教えを地域医療において実践した。

　升八郎の息子・厳九郎（1874 〜 1945）も医の道に進み、1904 年仙台医学専門学校で教授となる。このとき、中国人留学生として入学してきた周樹人（後の中国の文豪・魯迅）に懇切丁寧な指導をした。これに感激した魯迅は、厳九郎を生涯の恩師として尊敬し続け、その思いは自伝的回想記「藤野先生」に表現された。この作品は、中国の国語教科書（中学 2 年生）に掲載されており、厳九郎は中国で大変有名な存在である。

　升八郎の孫で厳九郎の甥にあたる藤野恒三郎（1907 〜 1992）もまた、医の道を志し、細菌学者として活躍した。大阪大学微生物病研究所に勤務し、1950 年、大阪府南部で起こった食中毒事件の原因菌として新種の細菌・腸炎ビブリオの分離に成功した。同研究所第 4 代所長にもなった。その傍ら、蘭学・医学史研究にも積極的に取り組んだ。大阪大学における適塾顕彰活動のパイオニアであり、その活動を通じて作家の司馬遼太郎と親交を深めた。

　2024 年、大阪大学総合学術博物館において、この三人の藤野先生にまつわる以下の展覧会をおこなった。

令和 6 年度適塾特別展示／大阪大学総合学術博物館 第 19 回特別展
【大阪大学微生物病研究所創立 90 年・藤野厳九郎生誕 150 年】
三人の藤野先生、その生涯と交流─升八郎と洪庵、厳九郎と魯迅、恒三郎と遼太郎─
会期：2024 年 4 月 24 日（水）〜 2024 年 6 月 22 日（土）
主催：大阪大学ミュージアム・リンクス（大阪大学総合学術博物館、大阪大学適塾記念センター、
　　　大阪大学アーカイブズ）、適塾記念会
共催：大阪大学微生物病研究所、阪大微生物病研究会、大阪大学人文学研究科
特別協力：福井県
協力：あわら市、あわら市日本中国友好協会、大野市歴史博物館、司馬遼太郎記念館、東北大学
　　　史料館、日刊県民福井・中日新聞、福井市立郷土歴史博物館、福井新聞社、福円寺（あわ
　　　ら市）、松江市立鹿島歴史民俗資料館
協賛：豊中市日本中国友好協会

　本展は 2023 年に発足したミュージアム・リンクスが主催する初めての展示となった。適塾記念センターの研究成果として適塾門下生・藤野升八郎のみを取り上げるだけでなく、その子孫の事績にも視野を広げることで、三人の藤野先生の活躍を洪庵の精神の系譜上に位置付けた。恒三郎を取り上げることは大学において功績のあった学者を顕彰する意味を持った。三人の藤野先生の功績はそれぞれ異なっている。升八郎は近世蘭学・医学史の文脈、厳九郎は魯迅との関係があるため中国近代史や近代文学の文脈、そして恒三郎は細菌学史や大学史における意味合いを考える必要がある。そのような多分野に跨がる学術的成果を展示によって一つにまとめて示したつもりである。本書では、展示内容を吟味し、更なる調査で得た知見を盛り込み、展示できなかった資料も図版として加えている。三人の藤野先生の魅力を堪能いただければ幸いである。

大阪大学適塾記念センター特任助教（常勤）

西川　哲矢

目次

はじめに	1
第1章　緒方洪庵の高弟・藤野升八郎（西川 哲矢）	3
1　藤野家の医業	6
2　升八郎と洪庵	10
3　福井の適塾門下生との交流	15
コラム1　緒方洪庵と福井―種痘をめぐる交流―	24
第2章　魯迅の恩師・藤野厳九郎（西川 哲矢）	25
1　藤野厳九郎の教育と医業	27
2　厳九郎と魯迅	33
3　厳九郎と魯迅の顕彰活動の歴史	43
コラム2　魯迅と豊中市―鳩をめぐる平和の願い―	51
第3章　腸炎ビブリオ発見者・藤野恒三郎（西川 哲矢）	53
1　腸炎ビブリオ発見の功績	59
2　文学青年から医の道へ	62
3　医学史への傾倒	66
4　教育者・恒三郎	73
5　大阪大学における適塾顕彰活動のパイオニア・恒三郎	83
おわりに	89
藤野家関係略年譜	91
主要参考文献	92
あとがき	94
解説1　藤野升八郎宛橋本綱維書簡について（山田 裕輝）	16
解説2　大野藩の種痘と林雲渓・升八郎・洪庵（柳沢 芙美子）	19
解説3　大野藩の蘭学―適塾・升八郎との交流―（田中 孝志）	21
解説4　魯迅と増田渉―医師にならなかった二人―（赤澤 秀則）	40
解説5　藤野恒三郎旧蔵顕微鏡（八耳 俊文）	69
活動紹介1　あわら市における厳九郎顕彰活動（後藤 ひろみ、藤 共生）	48
活動紹介2　大阪大学適塾記念センターの創設と活動（松永 和浩）	87
特別寄稿　私の藤野先生（竹田 美文）	77

第1章

緒方洪庵の高弟・藤野升八郎

藤野升八郎

（昇八郎、後に恒宅）は、1822（文政5）年※に、越前国坂井郡本荘郷下番村（現福井県あわら市下番）で代々医業を営む家の長男として生まれた。1839（天保10）年に父の勤所（敬所）が亡くなると、福井藩医橋本長綱（幕末の志士・橋本左内の父）の紹介で、名声のあった京都の医師小石元瑞に学ぶ。その後、1846（弘化3）年には大坂に赴いて適塾に入門し、緒方洪庵の薫陶を受けることになる。

　適塾での勉学を終えた升八郎は、さらなる研鑽のため、江戸へ向かう。藤野家記録によると、升八郎は、兵学や砲術に関心を寄せたようで、佐久間象山に学ぼうとするも、江戸の三大蘭方医の一人・戸塚静海から医の尊さを諭された。その後、病気のため志半ばで帰ったという。そして、それを聞きつけた福井藩主・松平春嶽から藩の医官に就任するよう下命されたが、病弱であった升八郎は辞退したという。その後、京都で産科を習得し、郷里へ帰りその後は自宅に悠々自適して漢籍、蘭籍の渉猟につとめたと伝えられる（藤野恒宅・恒三郎、1937）。1882（明治15）年9月14日に没する。

　春嶽から下された書が藤野家に残されたと藤野家記録には記されるが、現存は確認できていない。だが、最近の調査で、藤野家から、医業や医術に関する資料がみつかった。また、洪庵はじめ名だたる蘭方医や文人の書や手紙、そして適塾門下生とのさまざまな交流を知る資料も藤野家に伝えられたことが分かった。これらの資料により、従来知られていなかった升八郎のさまざまな実像が浮かび上がってきた。

　本章では、洪庵に薫陶を受けた升八郎が、適塾門下生仲間との交流を通じて、地域医療においてその教えを実践していたことを示したい。そして、升八郎から、升八郎の三男・厳九郎、孫の恒三郎へと息づく適塾の精神もまた確認したいと思う。

※『適塾門下生調査』（適塾記念会、1968）には生年が1819年とも記載されているが、家譜には1882年に60歳没とされているため、1822年とした。

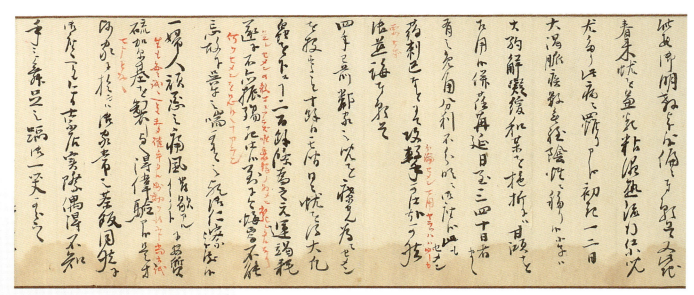

緒方洪庵宛藤野升八郎質問状
1860（万延元）年
大阪大学適塾記念センター蔵（藤野家旧蔵）
升八郎がコレラ治療に関して洪庵に質問した書状。洪庵が升八郎の質問に朱字で答えている。洪庵の教育精神が表れている。

緒方洪庵肖像
五姓田義松画 1901（明治34）年
大阪大学適塾記念センター蔵
明治を代表する油絵画家・五姓田義松（1855～1915）が、
洪庵の肖像をもとに描いたものとみられる。

第1章　緒方洪庵の高弟・藤野升八郎

1 藤野家の医業

藤野家家譜（部分）　1913（大正2）年　藤野家蔵

藤野家の医業と升八郎の父・勤所

　藤野家は、家譜によると、藤幽僊（友仙）（1658〜1738）を医業の始祖とする代々医業を営む家系であった。升八郎の祖父にあたる幸宅（第3世）は、診療の傍ら自宅で私塾を開き、近隣の子供たちを集めて読書・習字などを教えていたと伝わり（藤野家家譜下書）、藤野家墓所の傍らに幸宅の門人らが建てた墓碑が残っている。

　第4世の勤所（敬所）（1795〜1839）は、それまで漢方であった藤野家に蘭学を持ち込んだ人物で、升八郎の父である。江戸で洪庵と同門の宇田川玄真に学び、洪庵の師・坪井信道とも親交を結んでいた。京都で開業し、のち郷里で医業を続けた。藤野家には、彼らとの交流を示す書状が伝わった。信道は勤所に患者の症例を詳細にしたためて書き送り、有志の書生を集めて研究したいことを伝え、勤所の助力を願った。また、信道は、京都の名医として知られた新宮涼庭に宛て、藤野勤処（所）と申す人は先年江戸にて宇田川家へ参りました人で、至て懇意の人であると書いている（梅溪、2008）。勤所は、涼庭との面会を希望して信道に紹介を依頼したのである。また、勤所は、京都小石元瑞の息子・中蔵とも交流があった。こうした勤所の交友関係は、当然、息子の升八郎の修学にも影響した。

升八郎の修行

　第5世・升八郎は、父勤所の死後、小石元瑞に就くことになる。この入門は、橋本左内の父・長綱（福井藩医）の紹介によったが、長綱は、升八郎の父・勤所が、元瑞の子・中蔵とも面識があることを伝えている。その後、2年程修行したようだが、1846（弘化3）年、今度は蘭学を学びに適塾の門を叩くのである。

　升八郎入塾3年後の1849（嘉永2）年には、橋本左内や後々まで親しい交流を続ける伊藤慎蔵（後述）が入塾する。適塾では慎蔵のほか、周防国（現山口県）出身の飯田柔平とは特に親しかったと家伝はいう。慎蔵と柔平は、ともに塾頭を務めるほどの学才があり、一度は破門されている点でも共通している。ただ慎蔵が後に許され、洪庵とその妻八重の信頼も厚かったのに対し、柔平は八重との不和が原因で退塾を余儀なくされた。

幸宅（第3世）の門人らが建てた墓碑
2024（令和6）年2月撮影

江戸行き

　さて、升八郎は、塾生からの信頼も厚かったと思われる。適塾の勉学を終え、さらなる修学のため江戸に向かう升八郎は、掛川出身の適塾生・戸塚柳溪に、道中の便宜を図ってくれるよう依頼した。升八郎は、掛川まで柳溪を訪ねてこの書をもらったものとみられる。柳溪は、知人の村松良叔（駿府江河町）・成島元章（由比）・深沢雄甫（沼津大手前）・田中杉溪（浦賀奉行屋敷前）の四名に宛て、升八郎は「旧友」であると紹介し、東行（江戸行き）は初めてのことで不案内であるからと、道中の世話を依頼した。その人物について信頼のおける友であるとして、才学の高さも讃えている。

　なお、この四名のうち、深沢雄甫は適塾生で、升八郎よりも1年早い1845（弘化2）年の入塾である。

　紹介状には年が欠けているが、適塾で伊藤慎蔵（1849〔嘉永2〕年入塾）と交流があったと推定されることと、嘉永2、3年頃に江戸の伊藤玄朴に寄留していた適塾の先輩・村上代三郎が、掛川にいる升八郎に送った手

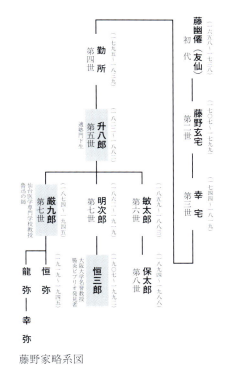

藤野家略系図

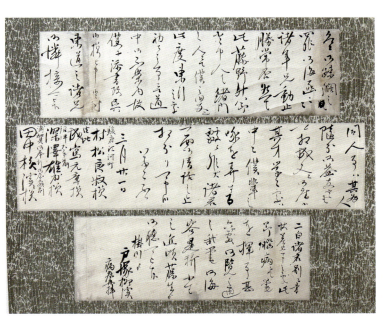

村松良叔・成島元章・深沢雄甫・田中杉溪宛戸塚柳溪書状（藤野升八郎江戸行きにつき）
1850（嘉永3）年頃　あわら市郷土歴史資料館蔵

紙の内容などから、1850年頃であると推測できる。

　升八郎のその後の行動を知る史料には恵まれないが、孫の恒三郎によると、かつて藤野家には、升八郎の思い出の記があり、「一時江戸に出て佐久間象山について兵学を学ぶつもりでいたが、戸塚静海に医の道をすすむべきと諭されて志を変えた」と書かれていたという（藤野恒三郎、1970）。

▍産科医

　藤野家記録では、升八郎はその後病を得て郷里へ帰ったと伝えられるが、実際はさらなる修行の道を歩んでいた。1856（安政3）年には、京都で、女科・産科を専門とする医師・船曳子錦から産科免許証を得ており、同人に学んでいたことが分かる。同免許証には「藤野生」とあるだけで升八郎との明記はないが、升八郎の修学時代と合致し、京都・大坂での修学経験から見ても同人であると判断できる。升八郎には弟・良吉がいたが、橋本長綱の書生として医術を学び、郷里で開業医をしていたことが伝わり、京都へ修学した形跡は見られない。

　子錦は、適塾に学んだ子息・卓堂に、日本初の西洋産婦人科書とされる『婦人病論』（原題：Joseph Jakob van Plenck, *Doctorina de morbis sexus feminel*, 1808）を訳出・刊行（1850〔嘉永3〕年）させた人物である。升八郎は卓堂とも面識があったのではない

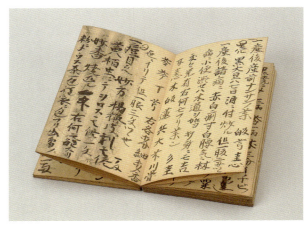

産科治療手控
年未詳　藤野家蔵／福井市立郷土歴史博物館寄託
「産後・産前ナンサン（難産）ノ薬」「産後諸病ニ…」などと見える。

かと思われるが、いずれにせよ、升八郎は当時最先端の医術を学んだことになる。

　このように、元瑞や洪庵のもとで医学・蘭学修行をした升八郎は、さらに、女科・産科の知識・技術を習得し、郷里に返った。開業した際も産科を専門としたと考えられる。産科の治療や薬の処方について書かれた手控えも藤野家に残されており、日々の診療のために用いられたと推測できる。地域医療に取り組む升八郎の姿が浮かび上がってくる。

藤野升八郎産科免許証
1856（安政3）年
藤野家蔵
落款は「子錦」と判読できる。

藤野家と文化人の交流

　勤所・升八郎父子は、なにかと京都に縁があった。前述の通り、勤所は京都で開業しており、升八郎は小石元瑞、船曳子錦のもとで学んだ。藤野家には、漢詩人・中島棕隠（1779～1856）や水墨画で名を成した本願寺の僧・雲華（1773～1850）の「蘭之図」が伝えられた。いずれも1935（昭和10）年に記された箱書きがあり、第8世恒宅（恒三郎の兄）の筆で、祖父が京都で小石元瑞のもとでの修行中に得たということ

である。ただ、その一方で「曾祖父勤所先生の筺中より（恒宅）」や「勤所が京都に居た頃に手に入れ持ち返（帰）った」などという後に書かれた紙片も混在しており、升八郎ではなく、勤所の所有であった可能性も否定できない。

　いずれにせよ、藤野家は勤所の代以降、当時高名な文化人との接触があったということであり、升八郎は、そのような文化的環境を背景に医者としての修行をおこなっていたといえる。

中島棕隠七言絶句
藤野家蔵
中島棕隠の詩集『鴨東四時雑詞』に収められたもので、祇園の夜がふけて、西空の月が柳の梢にかかる頃、幼い少女（舞妓）が馴染みの客を送って、橋を渡る様子をうたったもの。

雲華筆「蘭之図」
藤野家蔵
雲華は、江戸時代後期の浄土真宗大谷派の僧。書画・詩文を能くした。蘭の絵で有名。

2 升八郎と洪庵

地域で活躍する適塾門下生

　1846（弘化3）年、升八郎は適塾に入門し蘭学を学ぶ。適塾入門者署名帳の「適々斎塾　姓名録」には84番目に「前越坂井郡本城／藤野升八郎／名元木字允升」と署名があるが、本人の自筆ではなく、別の塾生が当時の入門者をまとめて記載したと思われる。先述のように升八郎の江戸行きが1850（嘉永3）年頃であれば、4年ほどの修学であり、戸塚柳溪の書きぶりから見ても、升八郎は優秀な塾生であったようだ（7頁）。

　緒方洪庵（1810～1863）は、備前足守藩（現岡山市）の武家の出身ながら医を志し、刻苦勉励、蘭書を通じ西洋医学を研究して日本に紹介するほか、天然痘やコレラなど感染症対策に多大な貢献をした幕末の蘭医学者である。晩年の1862（文久2）年に幕府に招請され、奥医師・西洋医学所頭取となるも過労のため翌年に死去する。医者として優れた業績を残しただけではなく、蘭学塾"適塾"を開き、福沢諭吉、大村益次郎、長与専斎など日本の近代化に大きな役割を果たす逸材を多く育てた教育者であった。

　もちろん、彼らのように歴史の舞台で華々しく活躍する人物だけではなかった。適塾修学の後、地元へ帰り、開業医となって、地道に医者を続ける門下生も少なくなかった。学んだ新知識を地域に還元し、医者としてあるいは教育者として、誰知るとなく社会的な役割を果たし、近代の礎を築いたのである。升八郎もまたその一人といえる。最先端の学問を学んだ後、故郷に帰って在村医として地域医療に奮闘した。

緒方洪庵の朱字指導

　章の冒頭で示した、洪庵が朱筆で応えた升八郎質問状は、真摯に地域医療に取り組む弟子をサポート・指導する洪庵の精神がよく表れている。この頃（1860〔万延元〕年）、升八郎は帰郷しており、第5世として恒宅を名乗り在村医となっていた。当時猛威を振るっていたコレラの治療に取り組む升八郎は、旧師洪庵に宛て、治療法・処方薬について質問した。升八郎は、自らが治療にあたった患者の様子を伝え、自らの経験をもとに薬の処法などにつき質問したのである。升八郎の手元にはその3年前に洪庵が著した『虎狼痢治準』の写本があった。本書はコレラの治療準則を洪庵がしたためたものである。

　升八郎は他の医者に意見を求め治療法を聞いたが、自らの経験が乏しく未だ試さず、まずは「大先生へ質問の上」と、洪庵に教えを乞うている。末尾で婦人病治療についての自らの経験を述べているのは産科専門の升八郎ならではといえよう。患者を救うべく適切な治療法を日々考えていたことが分かり、同業者に意見を聞き、それと自らの経験とを照らし合わせ、治療に慎重な態度も見られる。この点は、後に述べるように洪庵の医の倫理に通ずるものがある。

　洪庵はこの熱心な弟子の質問状に朱を入れて自らの意見、処方すべき薬について述べ、升八郎本人に返した。これと同時期に送ったと考えられる1860（万延元）年5月29日付の升八郎宛洪庵書状では、「失礼ながら来簡中に朱字を加えておきました」と断っている。同

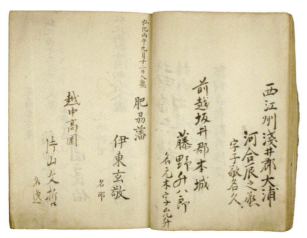

「適々斎塾　姓名録」（升八郎記載箇所）
1844（天保15）～1864（元治元）年
日本学士院蔵
越前が「前越」、出身地の本荘が「本城」と誤記されている。

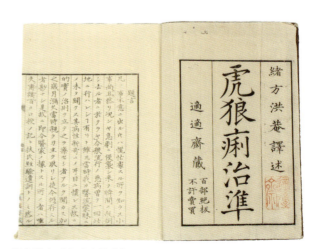

緒方洪庵『虎狼痢治準』
1858（安政5）年
大阪大学適塾記念センター蔵

藤野升八郎宛緒方洪庵書状（部分）
1860（万延元）年5月29日
大阪大学適塾記念センター蔵（藤野家旧蔵）

思いもよらず何よりの品ご恵投下さりご懇情の至り千万奉謝、家族一同御礼宜しく申し上げるようにと申しております。

治療のこと、貴説ごもっともに存じます。失礼ながら来簡中に朱字を加えておきました。拙著治準（『虎狼痢治準』）を写本でご所持とのこと、その後追加もしたので、一本贈呈します。

書状では、升八郎の治療のことは「貴説ごもっとも」と升八郎に敬意を払った上で、有効な治療法について自らの臨床経験をもとに詳細に教えている。あわせて自著の『虎狼痢治準』の増補版を升八郎に与える旨も伝えている。

勉強家・蔵書家

洪庵への質問状からも分かるように、升八郎は日々医業の研鑽を重ね、医学書も貪欲に集めていた。洪庵畢生の大著『扶氏経験遺訓』（本編、薬方編、附録からなる）の入手を待望し、大野藩洋学館にいた伊藤慎蔵を通じ洪庵から数度にわたって入手している（大野市藤野文書）。本書は、ドイツの医師フーフェランド（C. W. Hufeland）の内科書 *Enchiridion Medicum*（『医学必携』）のオランダ語訳を訳述したものである。

あるときは、『扶氏経験遺訓』附録の刊行などについて慎蔵を通じて洪庵に問い合わせることもあった。洪庵は慎蔵に宛てた書状の追而書で升八郎への返答をしたため、まだ草稿にも取り掛かっていないと述べており、さらに、青木浩斎の医書『察病亀鑑』を購入し送ることも伝えている。洪庵は升八郎の書籍購入を手助けしていたことが分かる。なお、『察病亀鑑』もフーフェランドの『医学必携』を抄訳したものである。

地方の村にあっては貴重な書物にめぐり会うことは難しかったであろう。そのような中で升八郎は貪欲に師の著書をはじめとする書物を求め、地域医療に取り組んでいた。医学書のみならず、慎蔵の航海術書も求めていた【解説3】。相当の蔵書があったと思われ、大野藩医で適塾門下生の林雲渓らにも借用を依頼されるほどであった【解説2・3】。

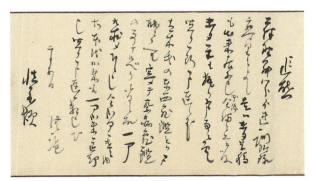

伊藤慎蔵宛緒方洪庵書状（追而書）緒方洪庵 年未詳 2月5日
大阪大学適塾記念センター蔵（藤野家旧蔵）追而書部分を慎蔵から送られ、藤野家にもたらされたのであろう。

藤野升八郎宛緒方平三・四郎書状　1856（安政3）年ヵ3月8日
大阪大学適塾記念センター蔵（藤野家旧蔵）

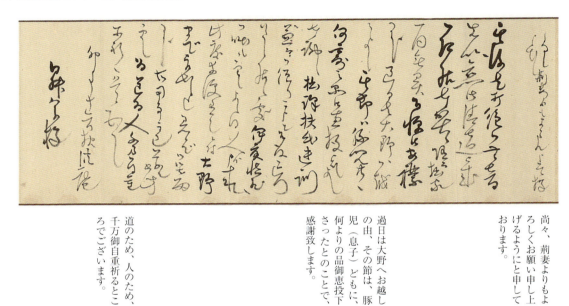

尚々、荊妻よりもよろしくお願い申し上げるようにと申しております。

過日は大野へお越しの由、その節は、豚児（息子）どもに、何よりの品御恵投下さったとのことで、感謝致します。

道のため、人のため、千万御自重祈るところでございます。

藤野升八郎宛緒方洪庵書状（息子たちへ贈り物の礼、『扶氏経験遺訓』送付につき）1858（安政5）年4月16日
大阪大学適塾記念センター蔵（藤野家旧蔵）

師家に礼を尽くす升八郎

　升八郎は旧師に礼を尽くし、ことあるごとに贈り物を送っていた。先に見た5月29日付洪庵書状では、洪庵は、自著『扶氏経験遺訓』を贈った際、升八郎の丁寧な「御謝辞（礼状）」に恐縮し、「何よりの品」（贈り物）に家族一同、大変感謝する旨が伝えられていた。

　緒方家からの信頼も厚かった。洪庵の子息（平三〔惟準〕・四郎〔惟孝〕）からも丁寧な礼状が届いている。おそらく、そのきっかけはこの二人が洪庵から勘当を受けたことによる。彼らは漢学と蘭学を学ぶため、洪庵の信頼が厚かった門下生・渡辺卯三郎（加賀大聖寺藩）のもとで修行していた。この修行は、蘭学を学ぶ前にまず漢学を学ばせたいという洪庵の教育方針によるものであったが、1855（安政2）年に伊藤慎蔵が大野藩に洋学教師として招聘されると、この二人は蘭学を学ぶ意志を抑えがたく、洪庵に無断で大野まで赴き伊藤慎蔵のもとへ身を寄せた。このことが洪庵の逆鱗に触れ二人は勘当されたのである。

　このとき、伊藤慎蔵は師の二人の息子の面倒を見たが【解説3】、升八郎もまたたびたび彼らに贈り物をして、二人を気に掛けていたことが分かる。この書状は、平三・四郎の升八郎に対する尊敬の念が反映されたものといえる。

　洪庵が子息の勘当を解いた頃の1858（安政5）年4月16日付の升八郎宛洪庵書状では、升八郎が大野へ赴き、平三・四郎に贈り物をしたことについて謝意を述べている。緒方家の教育も、慎蔵・升八郎のような門下生に支えられる部分があったのであろう。この書状では「荊妻よりもよろしく」と伝えており、洪庵の妻・八重の信頼も見てとれる。升八郎が洪庵の家族からの信頼が厚かったことがうかがえる。両家には、学問を越えた交流があった。

洪庵の倫理

洪庵は、医術や学問知識のみを教えるのではなかった。前の４月16日付の書状にも見えるように、洪庵は、しばしば書状の末尾には「為道為人」（道のため、人のため）と書き添えた。「為国家」（国家のため）と書いたものもある。道は、学術、医術などそれぞれが精進すべき道と解釈でき、社会のため、国家に貢献することを是としていたといえる。洪庵は、弟子達だけではなく、同業者、友人・知人にもこの言葉を用いていた。この理念は、洪庵自らが実践したものであり、洪庵の倫理観を表している。

また、升八郎には「臨事無為賤丈夫」（事に臨んで賤丈夫と為る無かれ）と書かれた書が洪庵から贈られた。人としてのあり方を示しており、なにごとにも卑しい人間であってはならないという洪庵の戒めの言葉である。升八郎に人としての倫理を伝えようとしていることがうかがえる。

「臨事無為賤丈夫」は、中国の漢詩に由来する。北宋の邵雍（康節、1011～1077）の七言絶句「何如吟」（『伊川撃壌集』巻十）に含まれる一句であった。升八郎の孫・恒三郎は、言葉の由来が気になったらしく、緒方富雄（洪庵の曾孫、医学者）に尋ね、中国文学者の吉川幸次郎から教示されたということがあった。この書幅が収められた木箱には緒方富雄による以下の箱書がなされた。

「立身須作真男子　臨事無為浅丈夫　料得人生皆素定　空多計較竟何如　何如吟　撃壌集巻十　邵雍　諡康節　緒方富雄〔印〕」

洪庵は、この「何如吟」の起句「立身須作真男子」（身を立つるにすべからく真男子と作るべし）についても一筆振るっている（14頁）。やはり弟子への訓戒となっている。

このように、洪庵は、医の倫理や人としての訓戒の言葉を弟子に贈った。倫理を大事としたのである。また、洪庵の高潔な医の倫理を示したものとして「扶氏医戒之略」がある。これは『扶氏経験遺訓』を訳述した際に、原書にあった「医者の義務」を同書には盛り込まず、「扶氏医戒之略」として独立させ洪庵独自の言葉で書いたものである。ここには、医者は人のために生きるものであること、病者に対してはただ病者を診て貴賤貧富をかえりみることがあってはならない、不治の病であっても救おうとするのが医者の職務であり、棄てて省みないのは人道に反する、さらには、同業者（医者）を尊重すべきことなど、12ヶ条にわたって書か

緒方洪庵書幅
「臨事無為賤丈夫」の箱書き
（緒方富雄筆）
大阪大学適塾
記念センター蔵
（藤野家旧蔵）

緒方洪庵書「臨事無為賤丈夫」
大阪大学適塾記念センター蔵（藤野家旧蔵）

れており、弟子に書き与えたものも残っている（14頁）。

朱字の指導に象徴される洪庵の教育精神は、こうした倫理と共存していた。升八郎は洪庵からもらった書や手紙を長持にしまっていたという。そのようにして洪庵の教育精神が藤野家に伝えられた。

緒方洪庵書「立身須作真男子」
大阪大学適塾記念センター蔵
適塾門下生津田淳三に贈ったもの。

緒方洪庵印章
大阪大学適塾記念センター蔵（緒方家旧蔵）
洪庵が実際に用いていた印章。洪庵書幅にも捺されている。

扶氏医戒大略ならびに洪庵像（緒方洪庵自筆）
1859（安政6）年
大阪大学適塾記念センター蔵
適塾門下生高瀬西海の所望に応えて贈ったもの。

3 福井の適塾門下生との交流

　升八郎は適塾を去ったのちも、適塾門下生との交流が続いた。先に見たように、塾で親しかったという飯田柔平や伊藤慎蔵、そして江戸行きを助けた戸塚柳渓のほか、加賀の渡辺卯三郎（加賀市医師会では初代会長）、播磨の村上代三郎（幕府講武所師範、蕃書調所の出役教授手伝、地元で私塾を開く）、福井県域からは幕末の志士・橋本左内のほか、大野藩の種痘に主導的な役割を果たした藩医・林雲渓等とも交友があった。福井県域からの適塾門下生は、25名にのぼる。藤野家には、これらの友から送られた書状が伝わり、書物の貸し借りや患者の治療、身の上話、贈り物のやりとりなどから、門下生同士の緊密な関わりや升八郎の人となりも見えてくる。

■ 升八郎と橋本左内

　橋本左内（1834～1859）は幕末の福井藩士で、藩主・松平慶永（春嶽）の幕政改革に重用された。1857（安政4）年、一橋慶喜擁立を計画した将軍継嗣問題の中心的役割を担った。慶喜の下で幕政改革をおこない、外国貿易を盛んにして富国強兵を目指す開国論を説いたが、安政の大獄により25歳の若さで刑死した。

　橋本家と藤野家は何かと縁があった。先述のように、升八郎の小石元瑞への入門は、左内の父・長綱の紹介であり、升八郎の弟良吉は長綱に就いて学んでいた。そして左内とも交流があり、升八郎への書状が残っている。さらには、左内の弟・綱維の書簡も藤野家に伝えられている【解説1】。

　左内の書状からは、幕末の志士のイメージとは打って変わって、左内の医者としての姿が浮かび上がってくる。彼は、適塾在塾中、深夜に乞食小舎に出かけ実地医療の研鑽を積んでいたという逸話がある。実際に、適塾入塾の翌年には合水堂（華岡青洲医塾の大坂分塾）に入門し外科医術を学んでおり、外科手術をおこなったこともあった。そして、福井藩では種痘事業に出精していた。医術の心得があったのである。

　この書状は、升八郎が左内の医者としての見識を信頼し、患者（おそらくは肺病を患っていた自ら）の治療について質問した返答書である。左内が、診断書を書き、薬の処方箋を提示した。漢方・蘭方両方の薬を処方している。病状が快方に向かっていることに安堵し、左胸の痛みの原因やこれを放置してはいけないこと、運動や食事についても丁寧に助言している。これは升八郎と左内の医学的な交流を示すものである。

橋本左内肖像　島田墨仙画
1910（明治43）年頃
福井市立郷土歴史博物館提供
島田墨仙（1867～1943）は、父の雪谷とともに福井を代表する画家。1896（明治29）年に橋本雅邦に入門する。歴史人物画の大家とされる。

藤野升八郎宛橋本左内書状（上）および処方箋（下）　1857（安政4）年閏5月6日
藤野家蔵／福井市立郷土歴史博物館寄託

解説 1　藤野升八郎宛橋本綱維書簡について

山田　裕輝
（福井市立郷土歴史博物館
学芸員）

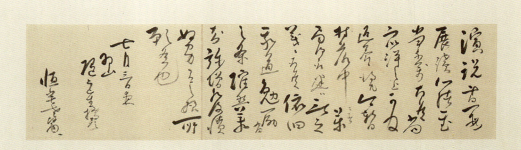

藤野恒宅（升八郎）宛橋本綱維書状　1869～1870（明治2～3）年頃　7月3日
藤野家蔵／福井市立郷土歴史博物館寄託

　橋本綱維（彦也、1841～1878）は、安政期の政局で活躍した長兄左内（綱紀）と、日本赤十字病院初代病院長となった末弟綱常と同様に、幕末期の福井藩が輩出した著名な西洋医の一人に数えられる。しかし、三兄弟の次兄にあたる綱維は「武を嗜み、腰間常に利刀を佩」びたという父長綱の影響を強く受けたようで、青年期は武術に関心を注いでいた（上掲の書簡に見られる「彦也」は、1851〔嘉永4〕年に没した父長綱が使用していた名乗りである）。1857（安政4）年4月12日に藩の兵科局詰となり、同年4月25日には武術修行のため江戸に出立しており、江戸では新銭座の江川太郎左衛門塾で航海術を、九段坂の斎藤新太郎道場で撃剣を学んだ。また、坪井為春の下でオランダ語を学び、さらに為春門下の大鳥圭介とともに江川邸内で蘭書の考究をおこなったという。しかし、この江戸遊学中に兄左内が安政の大獄で死罪を申し付けられたこともあり、帰国を余儀なくされた綱維は1859（安政6）年10月26日に着福している。帰国後の綱維は1860（万延元）年10月20日から洋学句読師に任じられていたが、1865（慶応元）年1月29日に表御医師格として召し出され、福井藩医へと転身した。この時期に、綱維は藩の許しを得て2回長崎へ遊学している。1865（慶応元）年5月からの第1回遊学では長崎医学所のボードウィンに、1867年8月からの第2回遊学ではマンスフェルトに学び、解剖学や外科学を見聞したという。この知見もあり、翌1868（慶応4／明治元）年からの戊辰戦争に福井藩の隊付医長となって越後へ従軍した。従軍先の柏崎では会津征討越後口参謀の西園寺公望から柏崎病院の役員として雇われたという（福田源三郎、1910）（福井県文書館、2017）。

　さて、上掲の藤野升八郎宛橋本綱維書簡は、藤野恒宅・藤野恒三郎「幕末蘭法医家ニ関スル雑考」ですでに紹介されている。それによると、升八郎は弟祐蔵が開業するにあたり綱維に伺書を出していたようで、上掲書簡はその返書だという。藩内外で医者としての見識を深めた綱維は、1870（明治3）年1月23日に藩の病院頭取に任命され、藩の医療制度改革を推進する立場となっていた。この改革は、旧来の藩医学所と除痘館を合併して根拠病院とし、城下の東西南北と三国・府中（武生）に支病院を設置し、薬局を設立して城下の医者を各所に配置するというものだった。また、この改革の一環で藩医・町医ともに自宅での調合を禁止したため、医界では異論が百出し、形勢が不穏になったという（福井市役所、1973）。書簡本文には「衆評」により改めて返答するとあるが、医者の開業において行政側による何らかの審査がおこなわれていたとみられる。また、「薬局御取立」に升八郎は問い合わせをしていたようで、綱維はしばらく村方で薬局を設立することはないと返答している。綱維らが進める医療制度改革が、城下だけではなく村方の医療にも波紋を引き起こしていた様子がうかがえよう。なお、本書簡の末尾では「羽山　随意生橋彦」と記されているが、「羽山」とは福井城の南西方向にそびえる足羽山のことを指す。綱維は、1869（明治2）年6月17日に福井藩から足羽山にある寺院・松玄院の「間所」を貸し渡されて医療や家塾のために使用していたことから、ここでの「橋彦」とは父長綱ではなく綱維であること、本書簡が1869年6月17日以降の筆であることが推定できる（福井県文書館、2017）。

升八郎と伊藤慎蔵の交流

　伊藤慎蔵（1825〜1880）は長門国萩の出身で、適塾では塾頭を務めたが（1850〔嘉永3〕年）、一時破門される。再入門後、ロシア軍艦ディアナ号が大坂に来港した際はもう一人の塾生（栗原唯一）とともに通訳を務めた。1855（安政2）年に大野藩蘭学所（後の洋学館）の教師となり、1861（文久元）年まで従事する。洪庵の妻八重の信頼も厚く、その後は、八重の実家のある摂津国名塩で蘭学塾を開いた。明治以後は神戸洋学伝習所、大阪洋学所教授、大阪開成所教授となり、工学寮、工部省にも出仕し、東京に没した。

　伊藤慎蔵から升八郎に届いた書状からは、大野藩時代の慎蔵と升八郎との親しい交流が見てとれる。書状は、師洪庵のこと、書物のこと、近況報告や産地の贈り物のやりとり、はたまた領主の愚痴をこぼすなど、多岐にわたる。1856（安政3）年の洪庵の子息（平三・四郎）勘当一件ではよく面倒を見た【解説3】。

　書状からはまた、升八郎の人柄もうかがえる。興味深い内容の一つに洪庵からの著書献本（『扶氏経験遺訓』）に対する返礼について、升八郎が慎蔵に相談しているものがある。慎蔵は、師は「道のため」を考えてのことだから、たいそうな返礼を望んではおらず、郷土の品を贈ればそれでよいと助言している（1859〔安政6〕年12月14日付書状）。慎蔵が、師の学問への真摯な態度をよく理解し、「道のため」ということを友に伝えようとしている。

　ちなみに、このとき升八郎は相応の礼をしたことは、先に見た洪庵書状（1860〔万延元〕年5月29日）の

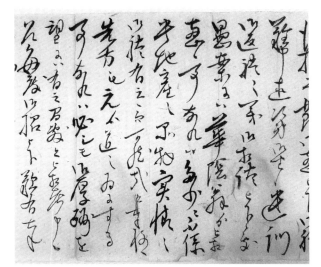

遺訓ご返礼の義、ご相談くださいましたが、愚案には華陰翁（洪庵）より恵投されるものですので、多少にかかわらず貴地産の品物で実情のお礼をすればそれでよいのではないかと思います。先方ももとより道のためにすることですので、必ずしも報酬を望んではおられないと考えます…

藤野升八郎宛伊藤慎蔵書状　1859（安政6）年12月14日（部分）　大野市歴史博物館所蔵（藤野家旧蔵）

通りである（11頁）。友の助言は聞き入れず、師の学恩に礼を尽くそうとする升八郎の律儀な性格を読み取ることができる。

金二百匹お送り下され、落手しました。『扶氏経験遺訓』附録と青木浩斎のヘルケンニングの代料をさしひいて返却します。

緒方（先生の）子供へ毎度ながらありがたく存じます。橋本左内の話先日大阪にてはじめて承り驚きました。…

何卒以来は過分のご進物等お断り申し上げます。全く品物をもって交わっている訳ではありませんので…

藤野升八郎宛伊藤慎蔵書状　年欠（1859〔安政6〕年ヵ）12月13日（部分）　大野市歴史博物館所蔵（藤野家旧蔵）

また、升八郎は、慎蔵と頻繁に贈答品を交わしていた。慎蔵は繰り返し礼を述べ、「全く品物をもって交わっているわけではない」と恐縮している。(1859〔安政6〕年ヵ)12月13日付書状では、洪庵から『扶氏経験遺訓』贈呈があること、自らの近況報告や洪庵の子供への礼などを述べている。「橋本左内の話」(おそらく処刑のことであろう)や「水府公之話」(徳川斉昭の国元永蟄居のことであろう)などにも触れている。また、慎蔵は、左内の処刑については嘆いており、書状でたびたび言及している。

升八郎と林雲渓

　林雲渓(年未詳〜1869)は、大野藩の種痘において主導的な役割を果たした人物として知られる。「適々斎塾　姓名録」には、入門年月日は記されていないが、升八郎より早く署名されていることは確認できる。1845(弘化2)年8月の入門ともいわれる(「柳陰記事」〔大野市史編さん委員会、1985〕)。署名の肩書きには「林雲端男」とあり、林家は代々大野藩の藩医を務める家系であった。雲渓の事績については、【解説2・3】を参照のこと。

　升八郎は雲渓とも、緒方洪庵や伊藤慎蔵と同じく、贈答品のやりとりは欠かしていなかったようだ。書状には、流行するコレラについて互いに感染せず安堵するという内容のものがある。また、1858(安政5)年当時、升八郎の肺病を気遣っており、雲渓も気に掛けていたことが分かる。このほか、1864(元治元)年4月13日付書状の長い追而書(おってがき)では、伊藤慎蔵の開成所教授手伝就任や佐久間修理(象山)の上洛という情報も共有していた。江戸勤番の苦労、長男の死や病弱の次男のことなど自身の近況を報告している。早く隠居したいという本音も吐露しており、越前漫遊の際には升八郎に会いたいとも付け加えている。やはり友に信頼されている様子が分かる。

　書状からは、このような人間的な交流が見られる一方で、升八郎からさまざまな書物を借りていたことも分かり、勉強家、蔵書家としても頼られていた【解説2】。そして、これは、大野藩の洋学研究とも密接に関わっていた【解説3】。

　在村医・升八郎は、左内、慎蔵、雲渓らのような藩仕えをする身分とは異なり、自適に勉学、医業に勤しむことができたのではないだろうか。

藤野升八郎宛林雲渓書状(追而書部分)
1864(元治元)年4月13日　大野市歴史博物館蔵(藤野家旧蔵)

さて小生は先年盟兄がこちらへ来て下さってからは、日々俗事に紛れ、一昨春より年々主人家の供として、東都勤番に奔走し忙しく大閉口です。去る十二月主人上京の御供です。先ずは逃れ久々に故郷で正月を過ごし餅を喫しました。

なにとぞ、早く隠居したいのですが、昨春、嫡男が麻疹の後肺結核に罹り亡くなってしまいました。大閉口です。次男は幼く未だ仕事もできません。

先ず山中で湯治して越前漫遊し、その節は盟兄に拝謁できるものと楽しみにしております。

伊藤慎蔵君が東都の開成所教授手伝を仰せ付けられ、二〇人扶持で金一五両下されるとのことです。先日下向されました。しかし大野の主人の家から三年は離れません。
佐久間修理三月三日、勅命で上京されたとのこと、その他いろいろ議論拝聴したいのですが、拝謁の際に残しておきます。

解説 2　大野藩の種痘と林雲渓・升八郎・洪庵

柳沢芙美子
（元福井県文書館副館長）

　林雲渓（年未詳〜1869）は適塾に学んだ大野藩医（70石）である。大野藩は越前国では福井藩・鯖江藩と並んで積極的に種痘を推進した藩の一つであり、雲渓は、1850（嘉永3）年に福井の町医笠原良策（白翁）から牛痘苗の提供を受けてから1857（安政4）年の西方領（丹生郡にあった大野藩の飛び地）での種痘館別館の開設まで、大野藩の種痘を主導した人物であった。ともに導入期から種痘を担い、1860（万延元）年には藩の病院惣督となる藩医土田竜湾（1819〜1888、3人口、62年から新知80石）も雲渓とともに藩命によって適塾に入門していた。

　種痘に関連しては、藤野升八郎は福井藩内で種痘をおこなったかという問いも湧いてくるが、今のところこれを裏付ける一次資料は見い出せない。笠原良策から分苗を受けた医師らが署名した「除痘館誓約」（福井県文書館寄託）では、幕府領の陣屋があった丹生郡本保村の医師河野恭斎の署名（『白神記』によれば1851〔嘉永4〕年6月）が下限であるが、升八郎のような福井藩領の在村医師の名は見えない。城下の除痘館を拠点に接種マニュアルである「手続書」と接種記録「博済録」を整え組織的・継続的な種痘をおこなった福井藩は、反面で絶苗を警戒し、個別の医師による種痘の拡大には消極的であった。

　ここでは、大野藩の種痘の転機における林雲渓と師緒方洪庵との関係、やや早く適塾にあった雲渓と1846（弘化3）年に入塾した升八郎との関わりを大野藩の用留と雲渓の書状を手掛かりに見ていこう。

　福井藩や鯖江藩が城下や陣屋のある地域を中心に種痘を導入したのに対して、大野藩は種痘開始間もない時期から城下と並行して山間部や西方領などの遠隔地へ出張して種痘を実施するという特徴が見られた。これは領民が天然痘の患から免れるようにという藩主土井利忠の強い意志によると同時に、城下において種痘希望者が容易には増えない状況を反映したものでもあった。あるいは雲渓らは天然痘の流行周期が長い山間部（面谷鉱山を含む）で免疫のない壮年層が罹患すると地域に壊滅的な被害をもたらすことも考慮していたのかもしれない。

　大野藩でも導入当初は医師の努力だけでは種痘を受ける子供を絶え間なく集めることは難しく、1851（嘉永4）年冬には前年に引き続いて2度目の絶苗を経験した。これを契機に藩は種痘の無償化を図るが、この無償化は西洋式の軍制と軍備拡張を優先するために2年後（1853年末）にいったん中止され、その後1857（安政4）年に限定的な無償化として再開するという紆余曲折を辿った。

　再絶苗をきっかけに土田竜湾は江戸へ1年間の医術修行に出立し、他方雲渓は師である広瀬元恭と洪庵に「質問之儀」があるとして藩に暇願いを提出した。この転機に藩医らは再修行やアドバイスを求めて江戸や京坂へ動き出していた。

　雲渓の旅は大野と京都・大坂を17日間で往復する強行軍であったが、書状の往復だけではなく、このように直接出向いて教えを乞うという形で師弟の交流が続いていたことは興味深い。さらにこの旅には「要用の医本」の調達というもう一つの目的があったことが知られる（「御用留」〔越前大野土井家文書〕）。

　現存する升八郎宛ての雲渓書状3通が、いずれも医学書の借用・書写、購入に関わるものであることは必ずしも偶然とはいえないだろう（大野市歴史博物館蔵）。雲渓の主君土井利忠は杉田成卿や佐久間象山に入門し、小関三英や勝海舟を江戸藩邸に招いて蘭書を講読するいわゆる蘭癖の藩主であった。雲渓・竜湾の例のように藩士の遊学を奨励し、1855（安政2）年には適塾塾頭を勤めた伊藤慎蔵を大野に招き、洋学館を開設して複数の蘭書の翻訳・出版を進めたことで知られる。有益な書籍は値段を問わず購求したとされている（「柳陰紀事」〔大野市史編さん委員会、1985〕）。

　月日のみ記された3点の雲渓書状(1)「四月七日」付、(2)「臘（十二月）十三日」付、(3)「（元治元年）四月十三日」付の概要を見てみよう。

　(1)は、雲渓は腫物などを治療する瘍科書の収集を藩から命じられ、升八郎に関連書の暫くの借用を依頼したものである。升八郎の肺病を気遣う追而書が添えられており、「帰途定而御難儀」と帰路の心配をしていたことから、1858（安政5）年の升八郎の大野来訪の直後に出された書状かもしれない。

　(2)では、やはり肺疾の升八郎を気遣いながら、互いに昨秋来大流行のコレラから遁れている幸運を喜んでいる。それまで借用していた「神宮氏著書」（新宮凉庭の著書だろうか）を返却し、未だ入手できない『（袖珍）内外方叢』の拝見と華岡青洲『瘍科瑣言』の今し

ばらくの借用を依頼していた。

(3)では、借用した本間棗軒（玄調）『瘍科秘録』と「方叢」の返却が滞っていることに恐縮し詫びている。「方叢」とは、洪庵の長崎遊学時代の翻訳（青木周弼・岡海蔵共訳）で広範に利用されたという『袖珍内外方叢（ようかひろく）』だろう。これについては筆耕が済み、校合もできたので返却すること、『瘍科秘録』は藩主利忠の目に留まりその「俊（峻）命」によって買い取ることになり、升八郎の申し出た25匁に対し物価高を考慮して金（1分3朱）でこの手紙とともに送ったことが分かる。

これらの書状からは、升八郎が健康はすぐれないながら、経済的には比較的余裕があり、大野では入手しにくい蘭方の医学書を多数所持する蔵書家であったことが分かる。時には大野藩主土井利忠の所望によって所蔵する医学書を雲渓へ売りわたすこともあった。視点を変えれば藩主利忠の書籍収集の一端が垣間見える資料でもある。

利忠が収集した蘭書類は、伊藤慎蔵を招いた1855（安政2）年に藩校明倫館に下げ渡されている（「御用留」）。

書状(2)

…神（新）宮氏著書の拝見を仰せ付けられており、御真情には文章では尽くしがたく多謝、すでに当秋京都から一巻送ってくれた人があったようで、ちょっと一見しました。

…『内外方叢』は未だ入手できず困っており、万一ご不要であれば、拝見をお願いしたく存じます。『瘍科瑣言』は今しばらくお借りできればと存じます。

書状(1)

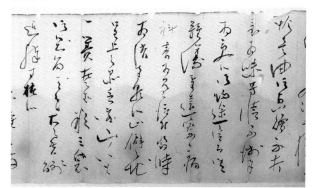

…御帰りの道中は、定めて御難儀のこととお察しします。『瘍科書』拝見を仰せ付けられまして、暫く拝借願いたく…

書状(3)

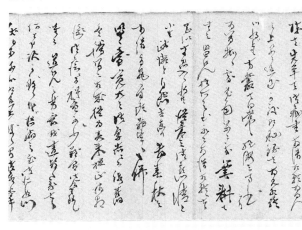

…先年はご蔵書の拝借を相願い、拝見の上早々に返却すべきところ、秘録（『瘍科秘録』）は見終わりましたが、方叢（『袖珍内外方叢』）は日常施術のために写し揃えたいと思いながら兎角はかばかしい筆耕もなく、あなたの書籍のながだもって恐れ入りましたが、貴兄の寛大なご厚志にてようやく旧冬謄写がすんで、さらに春以来校正もしだいにすんで、おかげで裨益するところ少なからずとありがたき仕合せに存じます。

| 解説 3 | 大野藩の蘭学 ―適塾・升八郎との交流― | 田中　孝志（大野市教育委員会事務局 指導学芸員） |

藤野文書について

　大野市歴史博物館に「藤野文書」と名付けられた20通の文書群が所蔵されている。これは幕末期の大野藩における蘭学研究を牽引していた伊藤慎蔵および林雲渓から藤野升八郎に宛てて出された書簡群であり、1988（昭和63）年、故藤野恒三郎氏から寄贈を受け、翌年、一括して市の文化財の指定を受けている。
　本解説では、升八郎との交流の中で深化させていった大野藩の蘭学推進の様子について紹介する。

大野藩の藩政改革

　1818（文政元）年、土井利忠が8歳で大野藩主に就いたとき藩の財政は困窮の極みに達しており、藩内に閉塞感が蔓延していた。そうした中、利忠は向学心に芽生えたのであった。1832（天保3）年、江戸藩邸に朝川善庵（儒学者）を招いて孟子の講義を開き、家臣の聴聞も許可した。1835年になると向学心をさらに強め、善庵の養子・恭太郎（儒学者）に私淑した。1840年には杉田成卿（小浜藩医、杉田玄白の孫、蘭学者）を招いて洋書を習誦し、ヨーロッパの事情を尋ね、また、これ以前から小関三英（蘭学者）も来邸して、蘭書の講義を受けていた。こうして利忠は学問、特に蘭学に強い関心を抱くようになった。
　累積する藩債と士気の低下を憂えた利忠は「一大革政」を決し、1842（天保13）年4月、のちに「更始の令」と呼ばれる直書を発布した。内容は大きく2つに分かれ、徹底した倹約を示すとともに、身分を超えて人材を広く掘り起こすものであった。
　利忠は改革の初手として1843（天保14）年7月、「学校創設の令」を出して学問所を仮設した。この創設の理由を「人としての道理を修得し、物事の筋道を見極めて、それによって人として成長を遂げようとするならば、学問に拠らなければ、他に方法はない」（「柳陰紀事」〔大野市史編さん委員会、1985〕）としている。そのため家中に対して就学を強く促した。なお、一般には藩校は藩士の子弟のために設けていたが、大野藩は「藩士は言うまでもなく、その他で志願する者がいれば、どのような者であろうとも入学して学業を修めることを認め」ており（同前）、また、翌8月からは9の日に、医術修行のために町医も参加する「医学会」が学問所において開かれていた。このように大野藩では、利忠の向学心を反映させ、身分を問わず広く学問が奨励された。
　翌年4月、武家地と町人地の境に校舎を建て、「明倫館」と名付けた。この立地は士民双方の通学の便に配慮したものと考えられ、後述する「洋学館」「済生館」も同様に近隣に建てられた。

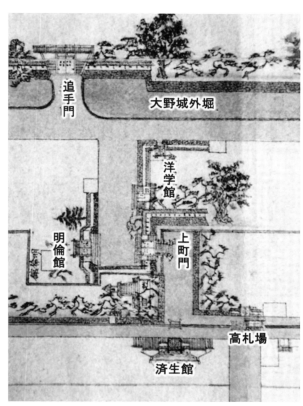

明倫館・洋学館・済生館の位置
大野町絵図（1858〔安政5〕年以降）（大野市歴史博物館蔵）部分に加筆

大野藩と蘭学

　1845（弘化2）年8月の土田竜湾と林雲渓の適塾入塾をきっかけに藩内での蘭学熱が高まり、適塾や長崎に遊学する者が相次いだ。
　大野藩は蘭学世話役を設置し、その任に竜湾、吉田拙蔵、雲渓、中村岱佐を充てた。さらに1855（安政2）年12月、適塾から塾頭・伊藤慎蔵を招聘して、禄100石を給して蘭学教授とした。しかし、以前より西洋兵備の費用捻出に領民から批判が出ており、慎蔵の招聘も訝しがったようである。これに対して、「大庄

屋御用留」（大野市史編さん委員会、1995）に「蘭学においては日本一の先生らしい」と記されており、藩は事前に説明をし、不安や不満の払拭に努めたようである。

1856（安政3）年5月に蘭学研究の拠点として蘭学所（翌年に洋学館と改称）を開いた。全国で蘭・洋学を取り入れた藩校は100校近くあるが、多くは1868（明治元）年以降の開校で、幕藩体制下で洋学に特化させたものは佐賀藩の弘道館蘭学寮（1840〔天保11〕年）など数校にとどまる。このことからも、大野藩の蘭学への注力の程が分かる。

大野藩での慎蔵は蘭書の預かりや塾生のとりまとめを任されるなど、蘭学振興の中心を担った。洋学館の指導方法については不明な点が多いが、適塾で初学者の学習に使用した『和蘭文典』（前編・後編成句論）を洋学館でも所蔵していた。一方で同書訳書は所蔵しておらず、会読本の不審点を質問することを「卑劣」（福翁自伝）とした適塾の塾風を想起させる。また、適塾で理解の出来・不出来を表した「白丸・黒丸」が、洋学館蔵書の蘭和辞書『和蘭字彙』の裏紙にも見えることが故岩治勇一氏によって指摘されている。これらから洋学館では適塾での指導方法を取り入れていたと思われ、その導入者は慎蔵であったと考えるのが自然であろう。

ただし、原書読解を第一主義とした適塾との違いもあり、洋学館では積極的な翻訳事業を展開させた。1854（安政元）年の『海上砲術全書』を皮切りに、『英吉利文典』（1855年）、『三兵用訣精論』（1856年）と、出版・翻訳に取り組んでいる。慎蔵も1857年に『颶風新話』を重訳した。慎蔵は藤野升八郎への書簡で、校正が遅々として進まないことや、藩の「俗吏」の理解のなさへの苛立ちを伝えており、同書翻訳に寄せた想いが高かったことがうかがわれる。

大野藩がどういった経緯で適塾を藩士らの遊学先に定めたのかは不明だが、1842（天保13）年に丸岡藩医の橋本秀益が越前国内では先駆けて適塾に入塾しており、適塾の評判の交換があったことも想起される。なお、適塾が開塾から間も置かずに高評価を博していたことは、改めて説明を要しないであろう。

また、大野藩は適塾等に入学させるばかりではなく、他藩からの入学を受け入れていた。慎蔵招聘の半年後、1856（安政3）年5月から受け入れを始め、入学者は越前国内の他、江戸や肥前からも集まった。中には、適塾と前後して入学した者も複数人おり、暴漢に襲われた井上聞多（馨）の一命を救った所郁太郎など、のちに名を馳せる人物の名も見える。

大野藩が蘭学に取り組んだ目的は何か。蝦夷地開拓のために幕府に提出した伺書では、「漢学や蘭学、西洋兵学、砲術、築城術などを研究してきたのは、ただ学ぶためではなく、これを実践する」ため（「柳陰紀事」〔大野市史編さん委員会、1985〕）としており、「実学主義」であったことをよく表している。

学問の実践としての種痘

その実践の一つが、種痘の普及であった。1849（嘉永2）年3月、土井利忠の継嗣・利知が天然痘により夭折した。利忠はすでに種痘の存在を知っており、導入が間に合わなかったことを残念がったという。同年7月、オランダ商館医官のオットー・モーニッケが国内で初めての種痘を成功させたことを知ると、利忠は手許金を出して、林雲渓や土田竜湾に種痘の導入を命じた。

以後、種痘の導入から定着まで主導する立場に就いた雲渓は、1850（嘉永3）年2月、大坂除痘館から分苗を受けている。この顛末は不明ながら藩内での実施・普及にはいたらなかったようで、実際には翌月に福井藩の笠原良策から痘苗をもらい受け、藩医らの家で実施し始めたことを嚆矢とする。大野藩では遠隔地（西谷、穴馬、西方）での種痘も積極的におこなっていた。そのほとんどでは雲渓らが巡回しておこなっていたが、1853年、西方領の村医小山養寿が良策の許可を得ることなく種痘を実施していたことが発覚した。鑑定の未熟を心配した良策の抗議を受けて、雲渓は養寿に鑑定方法を教授して、改めて種痘館別館を設置して養寿に種痘を継続させた。

大野藩でも「人伝法」で痘苗を植え継いでいったが、町人などで治療を受ける者は少なく、2度、絶苗してしまう。しかし、次第に種痘の効果が表れ、また、施術費の無償化、小児への接種義務化などの取り組みにより、ようやく定着にいたった。この間、雲渓は1854（嘉永7）年に御匙医となり、1855（安政2）年8月に父の家督（70石）を継いだ。1857年冬、一番町に種痘を主に行う施術所「済生館」が新設されると雲渓は病院世話役に任じられるが、1860（万延元）年に竜湾と高井玄俊は病院総督に任じられると、次第に主導が移っていくこととなった。

雲渓から藤野升八郎に宛てて出された3通の書簡は、共通して、升八郎から医書を借り、あるいは購入をしている【解説2】。大野藩では医書を升八郎から借用し、必要に応じて筆写し、あるいは購入して充実を図って

いたが、もちろん取集先はこれに限ったことではなかった。

利忠は1830（天保元）年と1836年、1846（弘化3）年に大坂加番を務めており、そこでは「役に立つ書籍は金額にかかわらず買い求め、藩校の蔵書とするため供」した（「柳陰紀事」〔大野市史編さん委員会、1985〕）。1854（安政元）年に大坂北久太郎町に藩営商店「大坂大野屋」を出店してからは、同店でも収集していたと思われる。

伊藤慎蔵と藤野升八郎

緒方洪庵の子息平三・四郎勘当一件（12頁）では、伊藤慎蔵は二人の入学には協力的な立場をとっていた。例えば入学希望を受け入れたのは慎蔵であり、入学時に洪庵の妻の弟・億川翁助が来藩したときにも受入れをおこなっている。藩庁記録には翁助の来藩および逗留を記すのみで、その目的は不明だが、億川家は勘当後の二人の学資支援をしており、両者は二人の入学にあたって協力で同調していたのであろう。洪庵に二人の洋学館入学を伝えたのは慎蔵だったが、それは入学から5ヶ月も後のことであった。その間、大野藩年寄の内山七郎右衛門（後の大野藩家老）も洪庵と交流を持っていたが入学の件は伝えておらず、藩内でも十分に対応策を練ってから通知をしたのであろう。こうした大野藩の姿勢を汲み取ったのか、勘当中も洪庵からは二人が世話になっていることを謝する書簡が七郎右衛門に宛てて出されている。二人の洋学館入学が、「勘当」という表現から受ける印象ほどは大事とはならなかったのは、億川家とともに慎蔵の尽力も大きかったようである。

なお二人の勘当が解けた頃、藤野升八郎が来藩している。藩庁用留ではその理由を「演武場での調練の拝見」とするが、それはおそらく藩を越えて移動するための名目であり、升八郎は平三・四郎に会っている。升八郎は二人に贈り物をしたらしく、洪庵から升八郎に宛てた書簡（12頁）ではその謝意が述べられ、続いて『扶氏経験遺訓』を慎蔵を介して贈るとしている。越前本荘で医業を営む升八郎と大坂適塾との橋渡し役を、慎蔵が担っていたことが想像できる。

なお、慎蔵と升八郎は適塾時代から親交が深かったといわれ、慎蔵は、「大野藩での様子といえば、藩の役人を相手にして阿房らしい事に手間を費やされ、馬鹿な事に心配をし、この効果は三文の価値もありません。長居をすればするほど、いよいよインウエンチへ（内部）の煩わしい事が目にかかるようになり、ます

ます英気を挫くばかりです。もはや実に厭い果てています。」（「藤野升八郎宛て伊藤慎蔵書状」）と、大野藩の生活に対する不満を漏らしている。大野市の郷土史に従事する者としてはいささか唸りたくなる内容であるが、二人がそれほど気を許す仲だったことの表れである。

現在に引き継がれる大野藩の向学志向

以上に概説したとおり、慢性的な財政難と疲弊を打開するべく、大野藩は一大改革を決意した。それはただ倹約を強いるだけではなく、身分を超えた意識改革を求めるものであった。

改革を契機に開校した藩校は、藩士の子弟のみならず町人であっても有志の者は学ぶことが許され、知識層の積極的な拡充が図られた。そこで得た西洋知識の一つは種痘の導入として開花したが、それらは適塾への遊学や指導者の招聘、各藩との交流、藤野升八郎ら有識者・蔵書家からの蘭・医書の供給など、多くのサポートがあってのことであった。そして大野藩も要望に応え、多くの遊学者を迎え入れていた。

大野藩は、国難に対峙するときに地域や身分を問わず「学問」を軸に行動を起こしたのであり、その理念は今も「大野市教育理念」として引き継がれている。

藤野升八郎宛て伊藤慎蔵書状（飲中之話）
1859〔安政6〕年5月22日
酒を飲んで升八郎に愚痴をこぼす。

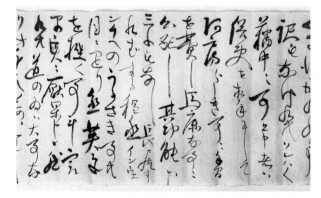

大野藩での様子といえば、藩の役人を相手にして阿房らしい事に手間を費やされ、馬鹿な事に心配をし、この効果は三文の価値もありません。長居をすればするほど、いよいよインウエンチへ（内部）の煩わしい事が目にかかるようになり、ますます英気を挫くばかりです。もはや実に厭い果てています。

コラム① 緒方洪庵と福井―種痘をめぐる交流―

　洪庵は、福井に種痘事業をもたらした福井藩医・笠原良策（白翁）と密接な関係があった。幕末、コレラとともに恐れられた天然痘の予防として、イギリスの医師ジェンナーが発表した牛痘接種法が、蘭医学者たちの関心を集めた。良策も日本への導入を試みていた。牛痘とは、牛がかかる天然痘に似た病気で、これを接種すると天然痘に対する免疫が得られる。1849（嘉永2）年6月、ジャワのバタビア（現インドネシア・ジャカルタ）から痘苗が長崎にもたらされ、同地で牛痘種痘が成功すると、京都の医師・日野鼎哉（良策の師）に痘苗が送られた。良策は、京都で日野鼎哉に接種法を学ぶこととなり、鼎哉と一般への接種活動を始める。その後、良策は、小児を連れて痘苗を植え継ぐ方法で、京都から福井への痘苗伝達に成功する。

　さて、京都に牛痘苗が到着したことを知った洪庵は、良策から分苗を受け、日野葛民（鼎哉の弟）、大和屋喜兵衛とともに大坂除痘館を開設し、牛痘種痘事業を開始する。ただ、当時、牛痘接種法に対する偏見や無理解もあり、事業は困難を極め、洪庵らは、米や銭を与えて子供たちを集め、痘苗を維持した。同志の中には、利潤を目的としない事業から脱落する者も出た。洪庵はあきらめずに種痘を継続し、その重要性を大坂町奉行所に訴え、除痘館の官許を願い出た。しかし容易に認められず、洪庵は、良策に福井藩主・松平慶永（春嶽）を通じて幕府要路へ働きかけるよう依頼もしたようだ。その甲斐あってか、ようやく1858（安政5）年4月に官許が下りる。その際、洪庵は喜びの気持ちを書状にしたため良策に送った（同年5月25日）。

　洪庵は、牛痘が日本にもたらされてから自らの事業が軌道に乗るまでの経緯を、「除痘館記録」としてまとめている。「除痘館記録」については、事業の困難と洪庵の感染症対策への意志がつとに指摘されるところだが、この活動の背後には、笠原良策の存在があったのである。

緒方洪庵肖像　南譲画
1850（嘉永3）年
大阪大学適塾記念センター蔵

笠原良策肖像写真
福井市立郷土歴史博物館
提供

緒方洪庵「除痘館記録」
1860（万延元）年10月
大阪大学適塾記念センター蔵

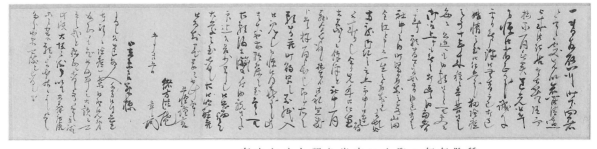

種痘のこと（大阪除痘館官許）は十年来種々苦労し、毎々公辺（幕府）へ願い出ましたが取り上げて頂けず…当春になって願い書きを出すよう内意があり、差し出したところ、取り上げて頂き、（公認され）市中口達となりました。全く、先年御仁恵のおかげであると社中一同ありがたく存じております。

笠原良策宛緒方洪庵書状　1858（安政5）年5月25日
福井市立郷土歴史博物館蔵

第2章
魯迅の恩師・藤野厳九郎

人あってこそ自分に身も立つすべもあれ世の中ぞ

藤野先生ダラバ逢シテ入しタリ。

惜別 藤野
謹呈 周君

藤野厳九郎

は、1874（明治7）年7月1日、升八郎の三男として生まれた。中国の文豪・魯迅（1881～1936）が生涯の師と仰いだ「藤野先生」その人である。厳九郎は8歳のときに父・升八郎を亡くし、すでに医者になっていた長兄と次兄に育てられた。小学校に入ると、元福井藩士で漢学の素養のあった野坂源三郎のもとで漢学や習字、そろばん等の教育を受ける。その後、福井県尋常中学校（現藤島高校）へ進学、愛知医学校（現名古屋大学医学部）を経て同校の解剖学教室に入る。東京帝国大学医科大学で解剖学を研修した後、師の紹介で仙台医学専門学校（現東北大学医学部）に就職した。

1904（明治37）年、厳九郎が教授に昇進してまもなく、一人の中国人留学生が入学する。周樹人、後の魯迅である。厳九郎は、この留学生のために懇切丁寧な指導をした。毎授業後、魯迅がとったノートを丁寧に朱字で添削して本人に返した。厳九郎にとってはわずかな親切であったようだが、魯迅は後々まで感激し、その思いは自伝的回想記「藤野先生」に結実した。魯迅は2年足らずで仙台を去り、その後厳九郎に連絡することはなかったが、魯迅は厳九郎を生涯の師として尊敬した。後年、恩師の消息を確かめようともしたが、残念ながら二人は再会を果たせず、1936（昭和11）年、魯迅は師よりも早くこの世を去る。

厳九郎は、魯迅が仙台を去って数年後に職を辞し、その後は、故郷に帰り開業医となっていた。魯迅に対する指導のように真面目に地域医療に取り組み、気難しいが患者からは信頼されていたという。終戦間際の1945（昭和20）年8月10日、往診の途上で倒れ、翌日午前、不帰の客となる。父・升八郎の後年を連想させる生きざまだった。

藤野厳九郎肖像写真
藤野家蔵
仙台医学専門学校時代。藤野家に伝わったもの。

魯迅肖像写真（部分）
松江市立鹿島歴史民俗資料館提供

在我所認為我師的之中，他是最使我感激，給我鼓励的一個。

私がわが師と仰ぐ人のなかで、彼こそはもっとも私を感激させ、私を激励してくれたひとりである。

他的性格，在我的眼里和心里是偉大的，雖然他的姓名並不為許多人所知道。

彼の性格は、私の眼中においても、また心中においても、偉大である。たとえ彼の姓名が多くの人びとに知られていないとしても。

魯迅「藤野先生」より

1 藤野厳九郎の教育と医業

修学時代

8歳のときに父・升八郎を亡くした厳九郎は、父の書いた升八郎日誌と『孝経』一枚を大事に保存していたという（藤野恒三郎、1970）。自宅の床の間には孝経の掛け軸をかけ、子供たちにも教育していたという。厳九郎は小学校には通っていたが、学校教育よりはむしろ野坂源三郎の私塾で、読み書きを習ったことが、後の厳九郎の学問・思想の基盤を作ったといえる。

野坂が、学問について厳九郎に説いた書簡が残っている。「学業の学業たる真事は、はらわたにあり」、「あなたの示される一言に違いがないように」、「学業に志があれば、大善の上の大善を選び、かたくこれを行うべし」などと、訓戒を述べている。後に厳九郎は、魯迅を指導する教育姿勢の背後に、中国の賢人への尊敬の念があったといい、その背景には幼少期に学んだ野坂の影響があったと自ら語っている。

その後、福井県尋常中学校を経て、愛知医学校に進学する。厳九郎は、最高に勤勉な学生だったという（藤野恒三郎、1970）。実際、1年時には、定期試験の成績優等につき第二褒章が授与されている（藤野厳九郎家文書）。1896（明治29）年には、医学の課程を修め、卒業試験に合格し卒業した。

藤野厳九郎宛野坂源三郎書簡　年月日不詳
あわら市郷土歴史資料館蔵

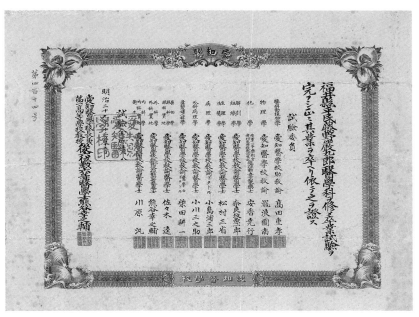

愛知医学校卒業証書
1896（明治29）年12月15日
あわら市郷土歴史資料館蔵

仙台医専へ

厳九郎は、愛知医学校卒業後、1897（明治30）年に同校の助教諭となり、同年7月東京帝国大学医科大学で解剖学の研修を1年間受ける。その後、厳九郎には就職の話が舞い込んでくる。東京帝国大学医科大学教授・小金井良精は、第四高等学校（現金沢大学）医学部主事山崎幹から解剖学教員の欠員および、第二高等学校（翌年仙台医学専門学校）の欠員情報を伝えている（1900年5月21日）。山崎から解剖学助教授就任を依頼された厳九郎は同校への就職を希望したが、愛知医学校はこれを望まなかった。また、厳九郎は第二高等学校医学部教授・斎藤勝寿から研究用の屍体数、書籍数、実験費、設備等が愛知医学校よりも好条件であることを強調した誘いも受けていた。こうした情況で、厳九郎は助教諭から教諭となるが、愛知医学校は、厳九郎を慰留しようとして無給の休職を命じ、辞職を容易に認めなかった。厳九郎と愛知医学校には確執があったとみられる（以上、藤野厳九郎家文書）。

金沢への就職が叶わなかった厳九郎は辞職し、東京に赴いて明治生命保険会社の保険医となったとも伝わるが、その後の動静の詳細は不明である（藤野恒三郎、1970）。翌1901（明治34）年10月15日、東京帝国大学教授大沢岳太郎の仲介によって第二高等学校から独立した仙台医学専門学校への着任が実現した。大沢から届いた書簡には、仙台医学専門学校教授・敷波重次郎から大沢に宛てた書簡が同封されていた。山形仲芸校長とも相談した結果、講師として採用するので履歴書を送付するよう求めている。

なお、山形は無試験・授業料免除で魯迅の入学を認めてもおり、厳九郎と魯迅の出会いを条件付けた人物であるといえる。

藤野厳九郎宛小金井良精書簡
1900（明治33）年5月21日
あわら市郷土歴史資料館蔵

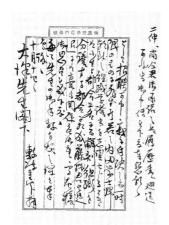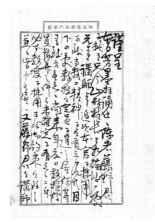

藤野厳九郎宛大沢岳太郎書簡
1901（明治34）年10月15日
あわら市郷土歴史資料館蔵

仙台医専での厳九郎

　1904（明治37）年7月6日、厳九郎は、仙台医学専門学校教授に任命された。魯迅が入学する2ヶ月前のことだった。厳九郎の授業は、真剣そのものだったようである。

　仙台医専で厳九郎の講義を受けた学生の聞き取り調査によると、真面目で厳格な性格で、近寄りがたい雰囲気があり敬遠されるような側面もあったという。

　魯迅の作品「藤野先生」に描かれるように、本をたくさんかかえて教室に入ったといい、洋書だけでなく中国の訳本なども両方わけへだてなく持ってきたという。

> 　藤野って人は随分頑固な先生だったね。どうもね。几帳面ですね。…徹底的に真面目だったな、あの人は。なかなか笑わなかったですから。藤野先生の笑ったの見たことないんですよ、みんな。
> 　―鈴木逸太談（仙台における魯迅の記録を調べる会、1978）

> 　わりあいに厳格なかたで、講義も、態度でも、非常にこの、やはり、教授には教授のくせがありますけれども、授業というものに対しては、非常に真剣そのものでございましたから。ですから、むしろ、あたりの人に対しては恐がられるというようですから…
> 　藤野先生という先生は、きわめて謹直なかたではありましたけれども、また、一方、非常に、こう、何

というんでしょうね、そういうようなふうにしてきた人、自分の講義がわからないでおらせるような（ことはできないという）責任感がすごくあられたと思います。
　―薄場実談（仙台における魯迅の記録を調べる会、1978）

　ここに記されるような、頑固で気難しく、謹直で笑わない厳九郎は、一方ではのちに見る魯迅への指導に見られる律儀で熱心な指導と表裏一体のものだったといえる。

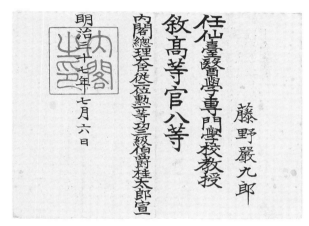

仙台医学専門学校教授任命辞令
1904（明治37）年7月6日
あわら市郷土歴史資料館蔵

藤野厳九郎（仙台医学専門学校藤野教授室）
1913（大正2）年頃
『東北帝国大学医学専門部在学記念帖』（大正三年）より転載
東北大学史料館提供

郷里へ帰る

　仙台医学専門学校は、1912（明治45）年に東北帝国大学医学専門部となり厳九郎は同校教授となるが、1915（大正4）年、東北帝国大学医科大学の創設により医学専門部が廃止となるに際して職を辞した。これはある種の挫折だったようだ。

　1913（大正2）年に東北帝国大学教官として赴任した熊谷岱蔵（のち、仙台魯迅記念碑建設委員長、東北大学第7代総長）の歓迎会が催された際、厳九郎は幹事をつとめた。厳九郎はドイツ留学帰りの熊谷にドイツ留学手続き、費用に関し、微細にわたって質問したようだ。熊谷は、「この人は近くドイツへ留学するにちがいないと思った」という（藤野恒三郎、1970）。だが、結局、厳九郎は留学を断念した。1924年頃、甥の恒三郎に対し、ドイツへ留学せずに学位論文を作ることは不可能であったことを、しみじみと聞かせたことがあったという（同書）。

　厳九郎は、1915（大正4）年6月29日に医学専門部教授の職を辞した後は、東京の三井慈善病院で耳鼻咽喉科の講習を受け、翌1916年6月22日、同病院の無給の医員となる。同年12月25日に退職し、帰郷することになる（藤野厳九郎家文書）。当初は生家に居候し、開業していた次兄・明次郎（恒三郎父）を手伝っていたものの、1917年に妻・りかが病死し、翌1918年に文子と再婚した。それを機に、三国町（現坂井市）で耳鼻咽喉科の医院を開いたが、1919年、明次郎の急死により地元の下番の診療所に戻った。

　その頃に撮影したと思われる藤野家集合写真が藤野家に残されていた。右側で、柱から顔をのぞかせているのが厳九郎である（右耳が欠けているところからそう判断できる）。厳九郎の写真は、紳士の仙台医専時代と老夫然とした晩年の写真が知られるのみであるが、これらからはうかがえない、控えめな様子と落ち着いた表情が見てとれる。ちなみに、向かって左の椅子に座っているのが厳九郎の甥・恒三郎である。

藤野家集合写真 1920（大正9）年頃
より厳九郎拡大写真

藤野家集合写真 1920（大正9）年頃
藤野家蔵

地域の医者として

　甥の恒宅（保太郎、第 8 世）が下番の診療所を引き継ぐこととなり、厳九郎は雄島村宿（現坂井市）に住まいを移し、下番の隣・本庄村中番の売薬店の部屋を借り受けて診療を続けた。毎日、三国芦原電鉄（現えちぜん鉄道三国芦原線）で診療所まで約 30 分の電車通勤だった。亡くなる前日まで診療を続けた。

　地域の医師としての厳九郎については、さまざまな証言・逸話が残されている。服装は無頓着、とりつきにくい、すぐ怒るなどという気難しい一面がある反面、ごまかしが嫌いで謹厳実直に治療をおこなった。自分の手におえない患者がいれば、面子にこだわらず他医をすすめた。また、子供好きで 2 年間も中耳炎で通った子供から一銭もとらず、遠足の小遣いをあげることもあったという（坪田、1981）。

　支払い能力がない、あるいは未払いの患者でも治療を引き受けたといい、無料診療だとみなされる向きもあったようだ。ただ実際、厳九郎発行の請求書は残っている。厳九郎の妻・文子が語ったところによると、誰でも平等に支払いの請求をするが、過度な取り立てはしなかったので、支払えない者が多くいたということらしい（厳九郎孫・藤野幸弥談〔松井、2023〕）。

　慕われた証拠か、治療代が支払えないからか、家には患者から貰った野菜がたくさんあったという（同談）。金銭的対価として治療するのではなく、患者それ自体を診る。洪庵の倫理にも通ずる、医は仁術という理念を実践する愚直な医者の姿が想像される。

　実際、甥の恒三郎は、厳九郎から病人の援助者となることへの意義と先祖代々の家業であること、幸いにも村人から尊敬されてきたことを伝えられ、医学の道を歩むべしと諭されたことがあったという。また、藤野幸宅（第 3 世）の門人らが建てた墓碑（6 頁）に触れ、財産は大きくなることはないが医学の道はよいとも言われたという（藤野恒三郎、1970）。

厳九郎が子息に与えた玩具
2024（令和 6）年 2 月 8 日撮影
藤野厳九郎記念館展示品

藤野厳九郎発行治療代請求書
福円寺提供（坪田忠兵衛旧蔵）

藤野厳九郎「大正 14 年診療簿」
1925（大正 14）年頃
あわら市郷土歴史資料館蔵

藤野厳九郎記念館外観 2024（令和 6）年 2 月 22 日撮影
あわら市は、三国（現坂井市）で開いていた藤野医院を移築し、藤野厳九郎記念館として一般公開している。厳九郎の遺品や魯迅との交流についても展示がなされる。

教育への意志

厳九郎は子息の教育に力を注いだ。子供に与えた玩具が現在でも残されている（31頁）。また、かつては、光の色を分散させるプリズムも家に残されたという。自らカエルの解剖をして実験をしてみせたこともあったらしい（厳九郎孫・藤野幸弥談）。

また、厳九郎は、適当な教材がないということで、外国語教本をいくつか作製した。次男・龍弥にはフランス語教本を手製した。可愛らしい絵が貼り付けてあるところに、子供に理解させようとする配慮が見える。また、長男恒弥の英語ノートには魯迅への添削さながら、朱字で添削したものもある（いずれも藤野厳九郎家文書）。

また、厳九郎は倫理にも重きを置いた。甥の恒宅は「おじは子供の教育に非常に熱心だった。私もおじの教育を受けたが、おじはいつも人道主義に徹しろと口ぐせのように話していた。」（『福井新聞』1964年4月13日付）という。長男・恒弥の帰省を前にした書簡には、そのような厳九郎の倫理観が表れている。旧制第四高等学校在学中の恒弥が夏に帰省する前に送ったものである。試験の成績がよかったと聞いて両親とも満足していることを伝えるとともに、人あってこそ自分の身も立つという世の中であるから、日頃世話になっている人への挨拶を忘れないようにと説いている。また、弟・龍弥へ土産でも準備して兄弟としての親愛の情を示すようにとも付け加えている。

さらに、父・升八郎もそうであったように、蔵書家だった厳九郎は、仙台医専時代の1910（明治43）年に同校へ図書（洋書6冊、和書18冊）を寄贈しており、1925（大正14）年には地元の福井県立三国中学校から漢籍378冊寄贈の感謝状をもらっている（藤野厳九郎家文書）。学術貢献、社会教育への寄与であり、厳九郎の教育精神はこうした形でも発揮されたというべきであろう。

藤野厳九郎作製教材「仏語単語編」
1926（大正15）年4月
あわら市郷土歴史資料館蔵

人あってこそ自分の身も立つという世の中であるから、ご挨拶は無駄ではないと覚えられたし…

多くもない肉親の間柄ゆえ、何なりとも龍弥へ土産一つでも携えて兄弟の親愛を発露されるように…

藤野恒弥宛藤野厳九郎書簡
1935（昭和10）年7月5日
あわら市郷土歴史資料館蔵

2 厳九郎と魯迅

魯迅への指導

魯迅（周樹人、1881～1936）は、清朝から中華民国へといたる激動の時代に生き、小説、散文詩、評論、文学史研究など文学に収まらない幅広い活動をした中国近代文学の父として知られる。さまざまな作品で伝統的な中国社会の因襲に潜む欺瞞性を抉りだし、筆鋒鋭く中国社会を批判し論敵も多かったが、中国の人々を合理的な精神性に導こうとしていた。近年では、絵で思想を伝える木版画の普及に努めた活動が再注目されるなど、いまなお多くの人々に影響を与え続ける存在である。

魯迅は、科挙を輩出する紹興の大家族の出身だったが、子供の頃、科挙エリートであった祖父の入獄や父の病気の世話などを通じ、旧来の思想や漢方医学に疑問を持つ。また、翻訳を通じてもたらされつつあった西洋の学問に関心を示した。日本の明治維新が多く西洋医学に端を発していることを知った魯迅（『吶喊』自序）は、1902（明治35）年日本へ留学し、東京の弘文学院で日本語の基礎を学んだ後、翌々1904年10月仙台医学専門学校で医学を学ぶことになる。

そこで、教授になって2ヶ月の厳九郎と出会うのである。厳九郎は、この一人の留学生のために、懇切丁寧な指導をした。毎授業後、魯迅にノートを持ってこさせ、朱字で添削を施したのである。それは、文法ミスの訂正や聞き取れなかったところの補筆から、図の描き方まで、実に詳細なものだった。そのときの感動は自伝的回想記「藤野先生」に描かれている。真面目な人間を好んだという魯迅は、生真面目な厳九郎が添削したノートを永久に保存しようと分厚い本にとじた。魯迅は、引っ越しの際にこれを紛失したと作品「藤野

魯迅肖像写真（日本留学時）
北京魯迅博物館編『魯迅1881-1936』（河南文芸出版社、2008年）より転載
1903年、日本に留学した魯迅が、東京で弁髪（清朝によって強制された髪型）を切った後の写真。

先生」に書いているが、死後に発見され、現在は中国の国家一級文物（日本の国宝に相当）に指定されている。

　　"我的講義，你能抄下来么？" 他問。
　　「私の講義は、書きとれますか？」と、彼はきいた。

　　"可以抄一点。"
　　「少しは書きとれます」

　　"拿来我看！"
　　「もってきて見せてごらん！」
　　…
　　原来我的講義已経従頭到末、都用紅筆添改過了…
　　なんと私のノートは、最初から最後まで、全部朱を入れて添削してあるではないか…

　　　　　　　　　　　　　　　魯迅「藤野先生」より

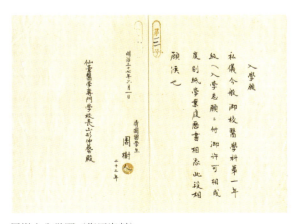

周樹人入学願（復原資料）
1904（明治37）年6月1日
東北大学史料館提供

魯迅ノート（藤野厳九郎朱入り）
北京魯迅博物館編『魯迅1881-1936』（河南文芸出版社、2008年）より転載
魯迅が筆記した厳九郎講義ノート。厳九郎により朱字で懇切丁寧に添削されている。中国の国家一級文物（国宝）に指定されている。

惜別

魯迅「藤野先生」には、仙台での良い思い出ばかりが書かれているわけではない。厳九郎が魯迅に試験問題を漏らしたと噂がたてられたことがあった。一介の留学生が及第点をとれるはずがないと疑われたのである。この一件は厳九郎自身が否定し、魯迅が仲間とともに抗議し、無実が証明されてことなきを得たが、魯迅にとっては屈辱的な思い出だったであろう。

また、魯迅は、仙台2年目に入ったとき、講義後で日露戦争の時局を伝えるスライド写真を見ることがあった。その中に、スパイ容疑をかけられた中国人が処刑される場面が含まれていた。そして、その様子を見物する中国人の様子も映し出されていた。魯迅は、同朋を見殺しにして何も感じず、ただ呆然と見物する中国人の姿にショックを受ける。

もう医学は重要なことではなく、中国人の精神こそ改造しなければならないと気づき、以後、医学を辞め、文芸を通じた国民精神の改造に取り組むことになる（魯迅『吶喊』自序ほか）。なお処刑を物見する民衆は、後に魯迅の代表作となる「阿Q正伝」のラストに辛辣な筆致で描かれており、魯迅にとって改善すべき旧時代の生活態度の一つだった。ただ、実際には魯迅が見たというスパイ容疑の中国人が処刑されるスライド写真は確認されておらず、魯迅の記憶違いか、あるいは他で見た可能性もある。

いずれにせよ、作品「藤野先生」においては、こうした理不尽な出来事や、旧習に惑溺する人々とは対照的に、謹厳実直で真面目な厳九郎が描かれている。上海で魯迅と親交があった内山完造（後述）によると、魯迅は、中国語で「馬々虎々」（マーマーフーフー）という生活態度、つま

藤野厳九郎肖像写真／惜別のサイン 藤野厳九郎
北京魯迅博物館編『魯迅 1881-1936』（河南文芸出版社、2008年）より転載

りどうでもよいという不真面目な態度を治療することを考えていた。そして魯迅は、日本のいろいろのことに対し、これは賛成だがこれは反対だとはっきり言ったようだが、厳九郎については、全面的にひたすら敬慕していたという（内山、1979）。

魯迅の目には、改善すべき民衆の精神と厳九郎の真面目が対照的に映ったのではないだろうか。

医学を辞め仙台を去ることを厳九郎に伝えると、別れを惜しんだ厳九郎は自身の写真の裏に「惜別　藤野謹呈周君」と書いて、魯迅に手渡した。時々連絡を寄こすようにと言われた魯迅は、尊敬の念はそのままに、しかし以後連絡をとれないでいた。厳九郎からもらった写真は、北京にいるとき、自宅書斎の机に面した壁に飾り、自らの執筆活動の励みとした。魯迅にとって厳九郎は偉大であった。

人知れず開業医を続けていた厳九郎は、この文豪の筆によって歴史の舞台に立たされることになった。

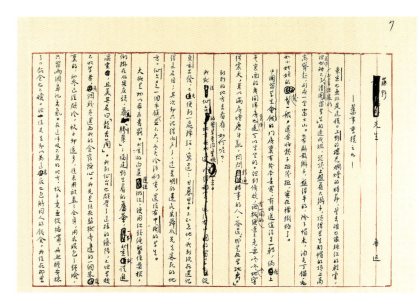

魯迅「藤野先生」自筆原稿（冒頭）
北京魯迅博物館編『魯迅 1881-1936』（河南文芸出版社、2008年）より転載
タイトル冒頭の塗抹された部分は「吾師」という文字であった。

魯迅肖像写真（サイン付）　1931（昭和6）年8月18日
松江市立鹿島歴史民俗資料館提供
魯迅が増田渉にサインつきで贈った自らの肖像写真。厳九郎が魯迅に贈った惜別のサインつき写真を思い起こさせる。

■ そのとき、藤野先生の印象がかれの脳中に生きていた

　厳九郎の指導に深い感銘を受けた魯迅は、その恩を自分一人に閉じ込めなかった。「藤野先生」という作品として文学的に昇華させるだけでなく、彼の教育精神は一人の日本人青年に向けられることになった。1931（昭和6）年、中国文学者・増田渉（1903〜1977）が上海の魯迅のもとを訪れる。増田は、東京帝国大学で学び、中国文学の翻訳などを手がけていた。当初は魯迅に会うつもりなどなかったというが、上海で魯迅の信頼が厚かった内山完造（後述）が魯迅に引き合わせた。内山によると、「十年旧知の如しとでも云うてよい程に好朋友になられた。」という（内山、1979）。

　その後、10ヶ月近く、ほぼ毎日3、4時間を魯迅宅で過ごし、日本語で魯迅作品の講解を受ける。それだけでなく、一緒に映画館や絵の展覧会に出かけたり、増田の下宿に招いてビールを飲んだり、はたまた魯迅の伴侶・許広平とも一緒に三人でダンス・ホールにおしかけて見物したが、ばからしいものということで10分も経たないうちに帰ったこともあったそうだ（増田、1970）。

　この時期のことを許は、「多様な、およそ無味乾燥ならざる生活において、友人同様に過ごしたこの数か月は、魯迅の生活の中でも、めったになかったことである。…魯迅は、面識のない一青年のために毎日多くの時間を割き、かれに講釈し、詳細に、献身的に文学上の援助を与えた。そのとき、藤野先生の印象がかれの脳中に生きていた。」と回想している（許／松井、1968〔1959〕）。

　増田の帰国後も魯迅との交誼は変わらず、月に2度ほど手紙のやりとりをし、それは魯迅の死の直前まで続いた【解説5】。増田が魯迅の最後の手紙を受け取ったのは、彼の死のしらせを聞いた後だった。

　この文通では、増田が魯迅作品の翻訳のために交わした質疑応答も含まれた。その内容は、『魯迅・増田渉　師弟答問集』として翻刻が付された上で出版されている。魯迅は、増田の質問に対し、基本的な語句の意味から訳しにくい箇所の説明など、厳九郎さながら懇切丁寧な指導をした。魯迅は、自らの知識を増田渉に惜しみなく与えた。ここには、洪庵の教育の精神と共鳴する、厳九郎から魯迅、増田渉へと連なる、海を越えた教育精神の系譜が見てとれる。

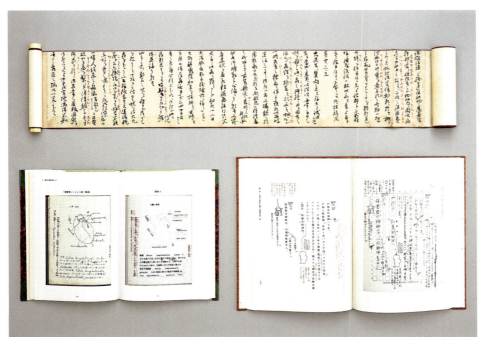

（上）
緒方洪庵宛藤野升八郎質問状
（1860〔万延元〕年）
大阪大学適塾記念センター蔵
（藤野家旧蔵）
升八郎がコレラ治療に関して洪庵に質問した書状。洪庵が升八郎の質問に朱字で答えている（4〜5頁参照）。

（左下）
「藤野先生と魯迅」刊行委員会編『藤野先生と魯迅―惜別百年―』（東北大学出版会、2007年）
厳九郎添削の魯迅ノートが翻刻つきで紹介される。

（右下）
伊藤漱平・中島利郎編『魯迅・増田渉　師弟答問集』（汲古書院、1986年）
増田渉の質問に魯迅が懇切丁寧に答えたやりとりが、翻刻つきで紹介される。

藤野先生ダケハ訳シテ入レタイ

魯迅は恩師の消息を知りたがっていた。1931～1932年頃友人に依頼し、仙台医専が大学となり、厳九郎はもうそこにはいないことまでは突きとめられたものの（山本初枝宛魯迅書簡）、それ以上の情報は掴めなかった。

そのようなおり、1934（昭和9）年、増田渉が、魯迅作品を日本に紹介するため、岩波文庫の一書として『魯迅選集』の出版準備をしていた。増田は、収録作品について魯迅の意向を問い合わせた。魯迅の返答は、好きに選べばよく、特に収録しなければならないと思うものはないが、「藤野先生ダケハ訳シテ入レタイ。」という要望だった。日本で「藤野先生」が紹介されれば、音信不通になっていた旧師の消息を掴めるかもしれない。そのような期待があったのだと増田は語る（増田、1970）。

「藤野先生」で示される厳九郎への尊敬の念は、あくまでも作品の中の言葉として理解されるが、これは私信である。流暢な日本語で「藤野先生ダケハ訳シテ入レタイ。」と魯迅がいうとき、恩師への思いは、より直接的に表れていると思われる。また、内山完造も、魯迅が「藤野先生」について、いつも瞼を紅くして話していたと語る（内山、1979）。

この書簡の末尾には、毎晩熱が出ることを訴え、「大方疲労ノ為ラシイ、シカラバ大ニ遊ベバナホルダラウ。」と魯迅独特のユーモアを見せている。ちなみに増田渉に宛てられた魯迅書簡は、58通が現存している。増田と魯迅が上海で過ごした最中に満洲事変が起こっており、増田が帰国した1932年には上海事変が勃発した。そのような時代にあって、魯迅と増田渉の海を越えた心あたたまる師弟の交わりがあった【解説5】。

上海滞在時代の増田渉肖像写真
松江市立鹿島歴史民俗資料館提供

魯迅肖像写真 1933（昭和8）年9月13日
松江市立鹿島歴史民俗資料館蔵
魯迅が増田渉に贈ったもの。魯迅の澄んだ眼の美しさは評判だったらしい（内山、1979）。増田も、「つねに涙にうるんだような眼球のかがやきは、けっして彼の人間的に冷たいことを示すものではなく、もちろんその反対であった。」と述べている（増田、1970）。

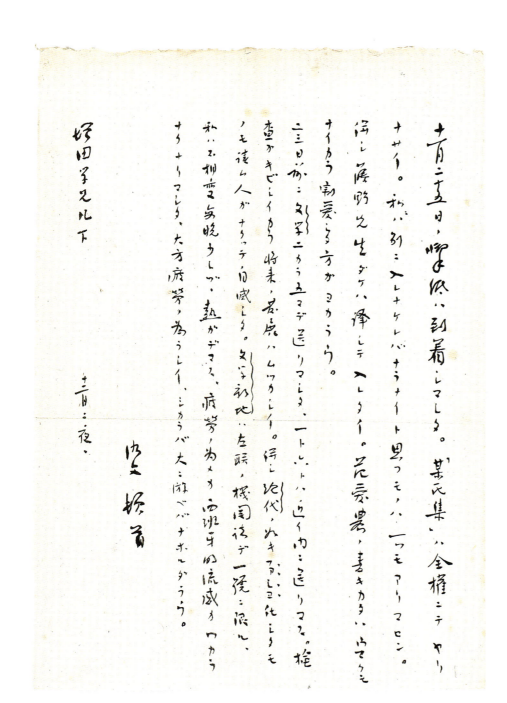

（封筒表）

（封筒裏）

増田渉宛魯迅書簡　　1934（昭和9）年12月2日夜
松江市立鹿島歴史民俗資料館蔵
書簡の末尾には「洛文頓首」とある。「隋洛文」は魯迅のペンネームの一つ。増田は魯迅の書く文字について「彼はあんなに鋭い、あるいは凄い、一刀血を噴く匕首をひらめかす文章を書いたが、彼の書く字はけっして鋭利な感じや凄い趣をあらわしているものではない。圭角のない、やや丸みをもったもので、温かいというよりも、ややトボけてさえいる…とにかく鋭くも、とげとげしくもない。むしろ野暮くさくヤンワリしたものだ。…字から見ると彼には大して覇気もなければ才気もない、といっても冷厳ではない、生真面目なところに野暮な稚拙味があり、それがトボケてさえも見えるのだ。」と言葉を尽くして説明している。増田はこの文字に魯迅の本来的な性格が、部分的にではあれ、見えるのではないかといっている（増田、1970）。

魯迅選集の出版

翌1935（昭和10）年、魯迅の要望通り「藤野先生」が収録された『魯迅選集』が出版された。魯迅のもとにもこの選集が届けられ、魯迅自身もその訳を高く評価していた（山本初枝宛魯迅書簡）。

厳九郎の子息・恒弥の元教師が、『魯迅選集』を手に取り、厳九郎のことが書かれていることに気づいた。厳九郎本人に知らせ、厳九郎は、かつての教え子周樹人が中国の文豪・魯迅だと知ったものの、厳九郎の消息が魯迅に伝わることはなかった。

1936（昭和11）年、増田渉は魯迅の病気のしらせを聞いて上海へ見舞いに行った。そのとき、魯迅は「やっぱり先生の消息はないところを見ると、先生はもう亡くなったのかもしれない」と漏らしたといい、厳九郎の想い出や尊敬の念を語ったという（増田、1970）。そして、その数ヶ月後に、魯迅は亡くなることになる。

魯迅の死は日本でも大きく報じられ、厳九郎の居場所も知られるようになった。増田は共訳者の佐藤春夫と連名で厳九郎に手紙を添え、『魯迅選集』を送った。手紙では、魯迅がいかに厳九郎を尊敬していたか、仙台での思い出を語っていたことなど、自ら魯迅から聞いたことを厳九郎に伝えた。魯迅の思いは、弟子を通じて、厳九郎に届けられたのである。

魯迅は「阿Q正伝」の冒頭で、「人以文傳，文以人傳」（人は文によって伝わり、文は人によって伝わる）と書いた。厳九郎は魯迅の文によって伝わり、「藤野先生」は増田によって日本に伝えられたといえよう。

魯迅著／佐藤春夫・増田渉訳『魯迅選集』（岩波文庫、1935年）
魯迅の要望通り、「藤野先生」が収録され発刊された。「藤野先生」の日本における初めての翻訳であり、増田渉が訳した。約10万部売れたという。

藤野厳九郎に贈呈された『魯迅選集』
あわら市郷土歴史資料館蔵
扉に訳者のサインが書かれている。

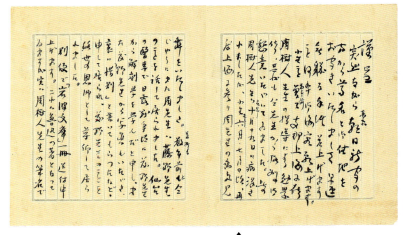

二枚目　　　一枚目

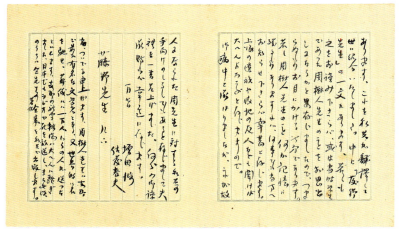

四枚目　　　三枚目

…小生去年六月・七月の頃、再度上海に参り、周先生の病気見舞をいたしました。その折も数年前と同じやうにまた周先生八藤野先生のことを話して居られました。仙台の医専で日露戦争頃に藤野先生から解剖学を学んだと申し、また藤野先生から写真もいたゞき、裏に「惜別」と書いてもらったなど、申して居られ、藤野先生のことを終世の恩師として尊仰して居られました。…

藤野厳九郎宛増田渉・佐藤春夫書簡
1937（昭和12）年1月7日
あわら市郷土歴史資料館蔵

謹んで周樹人様を憶ふ

厳九郎は、記憶の底から若き日の魯迅を引きだし、思い出すところを語って、追悼文を残した。ここでは、当時中国を見下す風潮があったことに触れ、厳九郎自身は、野坂源三郎の影響で、中国の先賢に対する尊敬の念や中国の人を大事にする気持ちがあったと語っている。1911（明治44）年辛亥革命勃発により「紅十次会」（中国の赤十字組織）を組織して20数名の留学生が母国に帰ったとき、厳九郎は彼らを見送った数少ない教員の一人だった（仙台における魯迅の記録を調べる会、1978）。

厳九郎は、魯迅への指導については、「たゞ、ノートを少し見てあげた位のもの」と語り、魯迅がそれほど自分を尊敬していたことが不思議だという。

「僅かの親切をそれ程までに恩誼として感激してゐてくれた周さんの霊を厚く弔ふと共に御家族の御健康を祈つて已みません。」と結ばれている。

ずいぶん昔のことではっきり思い出せない様子で語っているが、その後、甥の恒三郎が聞いたところによると、「周さんは立派な学生だった。その後に入学してきた中国留学生とは比較にならない。」（藤野恒三郎、1970）とのことである。

藤野厳九郎写真（子息と）
豊中市日本中国友好協会蔵（藤野家旧蔵）
厳九郎60歳頃の写真。

藤野厳九郎「謹んで周樹人様を憶ふ」（『文学案内』）
1937（昭和12）年

解説 4 魯迅と増田渉
―医師にならなかった二人―

赤澤　秀則
（松江市立鹿島歴史民俗資料館
館長）

　筆者は、1990（平成2）年に鹿島町立歴史民俗資料館（現在は松江市立鹿島歴史民俗資料館）での特別展『海を越えた友情―増田渉と魯迅―』を担当した。その前年から生誕地である鹿島町で、増田渉先生顕彰準備活動が開始されており、多くの執筆者から機関誌「増田渉先生の顕彰に向けて」に寄稿を受けた。その過程で、増田渉の知己の方々から次から次へと執筆者の紹介を受け、筆者は直接教えを受けたわけではなかったが、これが増田の人徳のなせるわざか、と痛感した次第である。間接的に増田の人柄・業績を知る過程でもあった。また、ご遺族からも全面的な協力を得たことでその生涯を目の当たりにでき、特に魯迅との師弟愛を上海－恵曇間で交わされた「友情」として展示で紹介することができたのは、担当者冥利に尽きる経験だった。展覧会後、館内に「増田渉記念室」を設置した。その後、ご遺族から魯迅書簡58通、「増田渉君の帰国を送りて」軸も当館に顕彰活動のためにと寄贈を受けた。館の貴重な資料として保管・展示し、1993年には「増田渉先生顕彰碑」も建立されるところとなっている。

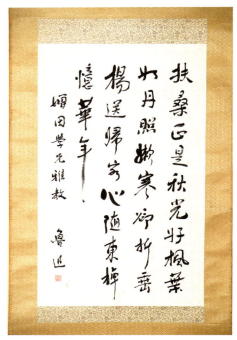

魯迅詩「増田渉君の帰国を送りて」
1931（昭和6）年
松江市立鹿島歴史民俗資料館蔵

増田渉宛魯迅書簡（58通）
1932～1936（昭和7～11）年　松江市立鹿島歴史民俗資料館蔵

魯迅と増田渉

　魯迅は日本に留学し、仙台医学専門学校で生涯の恩師と仰ぐ藤野厳九郎と出会った。厳九郎を慕いながらもやがて医学を断念し、帰国後文学作品を次々と発表する。

　一方増田渉は、1903（明治36）年、島根県八束郡恵曇村片句の医家に生まれた。高校時代にはすでに中国文学に傾倒しており、芥川龍之介への書簡に長文の返事を貰ったことで、一層その傾倒を深めたという。東京帝国大学文学部支那文学科へ進み、在学中に魯迅の大著『中国文学史略』に出会い、文学史の大家との印象を持っていた。その傍ら増田は、詩人・小説家の佐藤春夫に師事し、小説の下訳などを務めていた。『平妖伝増補版』下訳代金を原資に上海へ渡ったようだ。この増補版の刊行は、1932（昭和7）年である。佐藤は、増田だけでなく多くの若手を下訳者として起用しているが、ただの下働きとしてのものではなく、序文、跋文でその下訳者の働きを明記しており、若者が世に出る手助けをしている。増田の大学時代の単著『阮興櫚出世譚』にも序文を寄せている。

　増田は1931（昭和6）年上海へ渡り、佐藤春夫の紹介状によって内山書店を訪れた。そこで店主の内山完造から魯迅が上海にいること、しばしば店頭に現れることを聞き、出会いを果たす。魯迅51歳、増田28歳のことである。

　店頭での魯迅の著作に対する質問の時間は、やがて魯迅宅での個人教授となり、3月〜12月まで『朝花夕拾』、『中国小説史略』、『吶喊』、『彷徨』の講解を受けたという。

　この間、魯迅の人となりに感銘を受けた増田は「魯迅伝」を執筆、『改造』に投稿したが、掲載にあたっては佐藤春夫の尽力があったと伝えられる。

　また、上海事変前夜の不穏な状況に帰国する増田に魯迅は「増田渉君の帰国を送りて」詩を贈っている。この詩は1978（昭和53）年、日中平和友好条約の批准書交換のため来日した鄧小平副総理（当時）が朗読した。あいさつの中では「新しい友人、古くからの友人各位と友情を語りあうとき、私どもは47年前に魯迅先生が増田渉先生に書き送った詩を思いおこさずにはいられません。」と述べた。日中間が不幸な時代にあっても友好の存在を証明するものとして、もう一つのエピソードが加えられた。

魯迅の書簡

　帰国後、郷里恵曇と上海間の魯迅の『中国小説史略』の翻訳をめぐって文通が始まる。増田の質問に応答した魯迅書簡58通が残されている。これらは、質問に答える一方、近況を伝える便箋が添えられており、その著作物からはうかがえない魯迅のユーモアや不屈な一面を示している。一部を紹介する。

　なお、書簡本文は漢字カタカナ交じりで書かれているが、読みやすさを考慮してひらがなに換えている。括弧部は増田著『魯迅の印象』での増田の補足である。

○近頃絵は退学し翻訳をやつて居ることは大変良いことと思ひます。絵をいただいたときには頗るほめてあげたかつたがつくづく熟覧の揚句、遂に攻撃の方針を取りました。それは実にすまない事、しかも、仕方のない事です。（後略）（1932年）十一月七日

○この頃上海に支那式の白色テロが流行し始めました。丁玲女士は失踪し（或はもう惨殺されたと言ふ）、楊銓氏は暗殺されました。「ホアイト・リスト」の中には、私儀も入選の光栄を獲得して居るそうだが兎（に）角尚手紙を書いて居ります。（1933年）六月二十五日

○私達は皆元気です、が、内山書店にはあまり行きません。漫談のできないのは、残念だけれども、「ピストル」のたまがあたまの中に這入るともう一層残念だから、私は大抵家に居て悪口を書いて居ります。
　草々頓首　　　　　　　　　　　　　　　迅上
　増田兄ツタエ（テブル）下（1933年）七月十一日

○恵曇村（増田の故郷）と写真屋とがそんなに遠いですか？　実に桃花源の感を起します。上海では五歩にして一つ珈琲店、十歩にして一つ写真屋、実に憎むべきところです。（1933年）十月七日

○（前略）私達は皆達者ですが、ただし其の「海嬰氏」は頗る悪戯で終始私の仕事を邪魔します。先月からもう敵として取り扱ひました。（1934年）六月七夜

○御令息の写真を拝見致しました。御令息の写真は父親よりも立派だと思ひました、こんな事を云ては頗るよくない事だけれども併し写真は論より証拠、兎（に）角、人類は進歩して居るを証明して居ます。世界も楽観すべきものだ。　　（1934年）一月八夜

○（前略）木実女士の傑作は中々「一笑的東西」ではない。（中略）ところが、こちの海嬰男士は中々の不勉強家で本をよみたくなく、終始兵隊の真似をして居ます。残酷な戦争の活動写真を見たらびつくりして少しく静かになるだらうと思つて一週間前につれて（行つて）見せましたらもう一層さかんにやり出した。閉口。ヒトラーの徒の多きも蓋し怪しむに足らざるなりだ。（後略、傍点は原文ママ）　洛文上

増田学兄炬燵下　　（1935年）二月六夜
○（前略）海嬰の悪戯は頗る進歩した、近頃、活動写真を見てアフリカへ行きたがつて居ります。旅行費も二十銭くらゐ、あつめました。（1935年）二月二十七日
○（前略）僕の方もまづ元気です。子供を先月から幼稚園へ入れましたが、もう銅貨は間食を買へるものだといふ学識を習得しました。　　　艸々
　　　　（1935年）十月廿五日

　冬には手紙の脇付の「几下」を「炬燵下」と書いたり、増田の上京先に送った手紙には机がないだろうからと、「几」の字の脇に「?」を書き加えるなど、魯迅の書簡からは増田との文通を楽しんでいる様子がうかがえる。お互いの子育ての近況を語り合うなど、交流の姿は魯迅の文学作品からはうかがえない一面を見せている。「現金はなるべく自分の手に握つて置く可きもので五十年の研究を積んで発明した（の）ですからあなたも実行しなさい」などという文章は、まるで人のいい親戚のおじさんからの手紙のようだ。
　1935（昭和10）年、増田は岩波文庫から『魯迅選集』を佐藤春夫との共訳で刊行する。魯迅は「藤野先生」だけは入れたいと返事している。同年には増田訳の大著『支那小説史』の刊行を見、豪華な装丁を喜ぶ魯迅の書簡も残る。
　1936（昭和11）年7月、増田は魯迅の見舞に上海を訪れるが、同年10月19日、魯迅は没する。この後増田は改造社で企画された『大魯迅全集』の編集責任者として上京することとなる。ここから増田の東京時代が始まる。同年、『改造』12月号「魯迅悼惜」特集に魯迅の書簡のうち、18通を紹介している。
　戦後、増田は島根大学、大阪市立大学、関西大学で教鞭をとり、学生だけでなく、多くの同僚や研究者に多大な影響を残した。1977（昭和52）年、盟友竹内好（中国文学者、魯迅研究や作品の日本への紹介に尽力）の葬儀の席上、弔辞を読みながら倒れ、その生涯を閉じた。

藤野恒三郎と増田の交流
　1990（平成2）年、筆者は増田先生顕彰事業の一環で厳九郎の甥、藤野恒三郎に電話し、聞き取り調査をおこなった。「丁寧な人だった。魯迅祭に並んで汽車で話しながら行ったのが楽しかった。息子さんが医局に残るにあたって相談を受けた。また、教授にも挨拶に行かれたようだ」と感慨深く話した。また、魯迅詩（40頁）が中国に渡ったと思っていた氏は、これが日本にあることを知って喜び、国宝級の文物であるとも語った。

医師にならなかった二人
　増田の父である恵曇村の開業医・増田忠達が京都医学専門学校中退という事はかねて知られていた。しかし子息（忠達の孫）の増田游からは忠達が適塾関係者であったということ、忠達の医学修行中には妻のキヨが大阪へ何度も医学の督励に行っていたということを聞いており、忠達は京都で修学していたはずなのに、なぜ大阪と関わりがあるのか？　とひっかかりを感じていた。
　今回、郷土史家山本弘氏の助言により、『恵曇小学校教育史』中に掲載された「明治42年2月27日付報告」の恵曇村青年会片句支会 夜学会状況報告中の談話会の項から、増田忠達が「三　増田学校医　緒方病院ニ見学中ノ苦辛談　恩師ノ熱心ナル指導」という講演をしていることが分かった。講演の表題を見ると、この「見学」は、「苦辛」を伴うもので、「恩師ノ熱心ナル指導」と続き、かなりの期間の「見学」を想定できるように思う。
　つまり、京都医学専門学校中退後、大阪の緒方病院で研修を積んで、1901（明治34）年に医師免許を取得し、その翌年の増田医院の開業にいたっているということになる。緒方病院は適塾の流れを汲むもので、増田忠達もまた適塾の末端に位置することになる。
　医師とならず国の危機に文学で立ち向かった魯迅と、医師になるべき家に生まれながら文学を選んだ増田渉、二人は奇しくも適塾関係者から教えを受けていたわけである。真摯な魂同士の出会いと師弟関係は偶然ではなく、いわば適塾という共通基盤の上に成立したという側面もあったことを指摘したい。

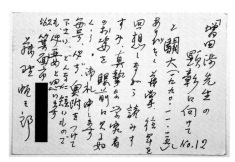

鹿島町教育委員会社会教育係宛藤野恒三郎書簡（1991〔平成3〕年2月9日消印）
松江市立鹿島歴史民俗資料館蔵
恒三郎への聞き取り調査の後、「増田渉先生の顕彰に向けて」第12号などを送付したところ、丁寧な礼状が届いた。学究肌の増田を偲ぶ。

3 厳九郎と魯迅の顕彰活動の歴史

厳九郎と魯迅の師弟関係は、日中両国で顕彰された。日中国交正常化は1972（昭和47）年のことになるが、それ以前にも、厳九郎と魯迅をめぐるさまざまな交流の物語があった。

内山完造の厳九郎墓参

1956（昭和31）年、魯迅の伴侶・許広平（1898～1968）が初めて来日した。このとき、許は長崎市で開かれる第二回原水爆禁止世界大会に中国代表として出席する予定だった。

許の来日を羽田空港で出迎えた恒宅（厳九郎甥・恒三郎兄）は、是非厳九郎の墓参りをして欲しいと持ちだし、許も夫の恩師ということで快諾した。これをうけて地元芦原町（現あわら市）では、歓迎の準備をしていた（『福井新聞』1956年8月11日付）。

ところが、許は、前日に突然体調が悪くなり、福井へ行くことができなくなった。そこで、許は、上海で魯迅の信頼の厚かった内山完造に手紙をしたため代参を依頼した。当時内山は許に同行していた。

内山完造（1858～1959）は、1917（大正6）年、上海で内山書店を開き、魯迅をはじめとする中国文化人と親交を深め、魯迅の信頼が非常に厚かった。日中関係が困難な状況で、日中文化人の交流の場を提供した人物としても重要である。ちなみに、魯迅の生涯最後の手紙は、内山完造に宛てたものである。

魯迅と内山完造
1933（昭和8）年
北京魯迅博物館編『魯迅1881-1936』（河南文艺出版社、2008年）より転載
上海でのツーショット。

内山完造と許広平
1956（昭和31）年夏
内山書店提供（撮影：牧直視）
許広平来日時のツーショット。孫安石・柳澤和也編『内山完造研究の新展開』（東方書店、2024年）所収。

内山完造宛許広平書簡
1956（昭和31）年
あわら市郷土歴史資料館蔵

【日本語訳】
内山先生：
すみません。急に会議の途中で体の具合が悪くなり、早退させてもらい旅宿で休んでいます。中国代表団の友人達はみなたいへん焦って、動くことを認めてくれません。しかし、すぐに汽車に乗って福井へ行かねばなりません。どうしたらよいか、とても困っています。そして、藤野夫人のところでは（私を）待っているはずです。ですので、慰問金三万を送るように手はずを整え、花輪を買ってもらって、藤野先生の御霊前に供えていただけませんか。私は、遠方の地より黙祷を捧げます。取り急ぎ、敬具。
刻安（あなたのご平安を祈ります）

(上)『福井新聞』 1956年8月11日（7面）
福井新聞社提供
許広平の墓参予定を伝える。

(右)『福井新聞』 1956年8月23日（7面）
福井新聞社提供
内山完造墓参を伝える。

　内山は、許広平の依頼を受け福井に向かった。当時の新聞記事（『福井新聞』1956年8月23日付）によると、内山は、許から託された花束を墓前に捧げ、「恩師の墓参りを楽しみにしていたのに体の都合から行けないことは誠に残念です。はるか東京から先生の御めい福をお祈りします。ここに三万円を故人の墓前に捧げます」と許の言葉を代読した。ただ、実際には厳九郎の妻・文子は花束のみ受け取ったが、慰問金は辞退したとも伝わる（泉、1986）。墓参の際に撮影された写真には、「許広平」と書かれた札と花束が見える。

　新聞記事は内山の言葉も載せている。「許女史はきょうの日を日本へ来た日から待っていたようだが、体を悪くしてとても残念がっていた。戦時中日本憲兵のごう問でうけた時の傷跡が気候の変り目になると痛むそうで実に気の毒だと思っている。」

　1941～1942（昭和16～17）年の2ヶ月余り、日本占領下の上海で許は逮捕され拷問を受けた。そのときの記録は、戦後「遭難前後」として発表された（許／安藤、1974〔1947〕）。許は、そのような過去を抱えつつ来日し厳九郎墓に参ろうとしていた。

内山完造厳九郎墓参写真
1956（昭和31）年
藤野家蔵
順番を待つ完造。許広平と書かれた札が見える。

内山完造厳九郎墓参写真
1956（昭和31）年
藤野家蔵
厳九郎墓前にて許広平の言葉を代読する内山完造。

仙台での顕彰活動

1961（昭和36）年には、仙台に魯迅記念碑が建てられる。日本で最初の魯迅顕彰碑となる。除幕式には、許広平を団長とする中国婦人代表団一行が列席し、500余名が参加し、許広平が除幕した。許は式の挨拶で魯迅「藤野先生」の言葉を引用した上で、「熱心に中国を助け、両国の文化交流のため没頭された」と、厳九郎への追慕の言葉を述べた。このとき、厳九郎妻・文子は、かつて許がそうしたように花を贈った。

仙台では、魯迅の死の翌年（1937〔昭和12〕年）以降、仙台時代の魯迅の記録調査が断続的に進められ、厳九郎についても、講義の様子や人柄等について記録の収集がなされてきた。特に、1978年、阿部兼也（東北大学）が中心となってまとめた、仙台における魯迅の記録を調べる会編『仙台における魯迅の記録』（平凡社）は、中国語にも訳され、魯迅の仙台時代を知る基礎資料として現在も活用され続けている。

2004（平成16）年には、魯迅仙台留学百周年を記念し、『魯迅と仙台　東北大学留学百周年』（東北大学出版会）、厳九郎の朱字入りの魯迅ノートが翻刻付きで紹介された。2005年からは、東北大学大学院に在籍する中国人留学生のうち、特に有望な学生に与えられる「東北大学藤野先生記念奨励賞」などという取り組みもなされている。直近の2024（令和6）年には、仙台留学120周年を記念し、作品「藤野先生」と魯迅の講義ノートについてこれまでの研究成果をまとめた、魯迅仙台留学百二十周年記念会編『魯迅の仙台留学―「藤野先生」と「医学筆記」―』（社会評論社）が上梓された。

藤野厳九郎碑 "惜別の碑" ―両先生不滅の結縁―

1964（昭和39）年には、足羽山公園（福井市）に、藤野厳九郎碑"惜別の碑"が建てられた。これは厳九郎と魯迅の"惜別"を記念するもので、厳九郎が魯迅に贈った写真の裏に書かれた"惜別"の文字が刻まれた。厳九郎の人柄に惹かれた雨田光平（福井市）がレリーフを制作、許広平に揮毫を依頼して「藤野厳九郎碑」と刻まれた石を碑の前に持たせた。

藤野厳九郎碑 "惜別の碑"（福井市足羽山公園）
2023（令和5）年8月撮影

許広平書「藤野厳九郎碑」が刻まれた石。
2023（令和5）年8月撮影

許広平書「藤野厳九郎碑」
あわら市郷土歴史資料館蔵

仙台魯迅記念碑除幕式記念撮影
1961（昭和36）年4月5日
仙台における魯迅の記録を調べる会編『仙台における魯迅の記録』（平凡社、1978年）より転載
背後の花輪には「藤野文子」（厳九郎妻）の名が見える。

日中国交正常化前のことで、中国にある惜別のサインつき写真を確認することは容易ではなかった。作品「藤野先生」では、厳九郎が魯迅に手渡したことになっているが、これはもしかしたら小説的表現ではないかなどという疑問と不安の声もあがったようだ（『福井新聞』1963年12月31日「藤野先生　その人と周辺⑥」）。そこで、厳九郎が子供の手習いのために書いた文字から「惜」と「別」を探し、これを碑に刻む案もでてきた。

藤野厳九郎の手習いから採った「惜」と「別」
豊中市日本中国友好協会蔵（藤野家旧蔵）

そのようなおり、厳九郎の甥・恒三郎が、大阪大学へ来訪した北京積水潭病院の医師・陳木森に依頼したところ、当該写真の複製が送られ、この字を刻すことができた。

碑の背面には、厳九郎と魯迅の師弟関係や建碑の経緯が刻まれた。増田渉による「両先生不滅の結縁を記念す」という言葉も盛り込まれたが、恒三郎はこの言葉を大変気に入っていた（藤野恒三郎、1970）。

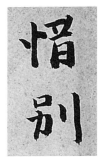

藤野厳九郎が魯迅に贈った写真の裏に書かれた「惜別」

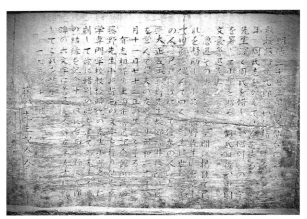

"惜別の碑"背面
2024（令和6）年12月18日撮影

除幕式には、厳九郎親族20数名のほか、福井県内の関係者、碑建設を進めた貴司山治のほか、中国文学者の竹内好、そして増田渉など100名が集まった。式の後に福井新聞社の講堂で講演会が開かれた。ここで恒三郎は「叔父・藤野厳九郎」と題して講演した。「惜別の碑は人の善意と美徳の結晶である。」と表現し、

藤野厳九郎建碑芳名
1964（昭和39）年6月
あわら市郷土歴史資料館蔵
"惜別の碑"建碑寄付者にかかる名簿。

"惜別の碑"除幕式
1964（昭和39）年4月12日
藤野家蔵

"惜別の碑"除幕記念講演会
1964（昭和39）年4月12日
藤野家蔵
恒三郎の講演姿。

叔父の誠実さが魯迅やその愛好者に響き、「人人の善意は国境を越えて静かにひろがってゆくとみてよいのではないでしょうか。」と語った。日中さまざまな人々の思いが込められた碑である。

地元あわらでの顕彰活動

1972（昭和47）年の日中国交正常化後、地元の芦原町（現あわら市）でも建碑の動きがあり、1980年には下番区民会館前に「藤野厳九郎碑」が、厳九郎の生家跡にも「藤野厳九郎生誕之地」の碑が建設された。いずれも魯迅の子息・周海嬰の揮毫である。後者については、青園謙三郎（郷土史研究家、福井テレビ社長を務めた）ほか訪中団が魯迅の子息・周海嬰に特に頼んで揮毫してもらったという経緯がある。

藤野厳九郎生誕之地碑
2024（令和6）年撮影
1980（昭和55）年、親族の手によって、厳九郎の生家跡地（菩提寺・福円寺向かい）に建てられた。魯迅の子息・周海嬰の揮毫。

日刊福井新聞連載記事「新中国再訪」⑤
青園謙三郎執筆　1979年10月20日
日刊県民福井・中日新聞提供

藤野厳九郎碑（あわら市下番区民会館前）
2022（令和4）年撮影
1980（昭和55）年、厳九郎の郷里・芦原町（現あわら市）下番区民会館前に建立された顕彰碑。魯迅の子息・周海嬰の揮毫。

翌1981（昭和56）年には、厳九郎の生涯をまとめた坪田忠兵衛著『郷土の藤野厳九郎先生』が上梓され、郷里へ帰った後の医者として地域医療に貢献する厳九郎の姿が、逸話とともに紹介される。

1983（昭和58）年には、魯迅の故郷・中国浙江省紹興市と友好市町締結がなされ、現在にいたるまで交流が続けられている。翌1984年には、厳九郎の晩年の旧居を移築し藤野厳九郎記念館が開館する。現在では、同館はあわら湯のまち駅前に更に移設され、藤野厳九郎記念館として展示と内部の公開がなされている。

近年では、厳九郎と魯迅のストーリーをマンガで紹介したり（後藤ひろみ原作『藤野先生と魯迅』、ポプラ社、2018）、二人の出会いの背景事情についてまとめ、魯迅「藤野先生」の日本語訳の比較を試みたもの（松井利夫『魯迅『藤野先生』を5倍楽しく読む本』、文芸社、2023）など、多彩な作品が発表され、厳九郎の魅力をさまざまな角度から伝えようとする活動が続けられている。

藤野家の菩提寺・福円寺でも、2018（平成30）年から、厳九郎の命日に厳九郎を偲ぶ"惜別忌"が催され、福井県内外からそれぞれの思いを持った人々が集まってくる。

また、2020（令和2）年、あわら市は、晩年の厳九郎を知る古老の聞き取り調査を動画にまとめ発表した。これは、厳九郎の没後75年が経過し、生前の厳九郎を知る市民が少なくなってきている現状に鑑み、生前の厳九郎を知る古老の証言記録を残したいという市民の提案に端を発する。市民有志が集まり、生前の厳九郎を知る古老へのインタビューをおこない、動画でまとめ、市内の文化施設やYouTubeで配信している。官民挙げての取り組みとなった（あわら市市民協働課提供資料）。

活動紹介 1

あわら市における厳九郎顕彰活動

① 生前の藤野先生を知る古老への聞き取り調査について
福井県歴史活用コーディネーター　後藤ひろみ

　2021年、藤野厳九郎先生の地元であるあわら市本荘地区の古老に、生前の厳九郎との思い出についてインタビューをおこない、その様子を動画で撮影し「市民が語る生前の藤野先生」という映像作品とした。

　きっかけは、私（後藤）が2020年10月に刊行した漫画『藤野先生と魯迅』の原作担当者として、あわら市中番（本荘地区）の老人会に招かれ講演をしたことだった。その際、藤野先生の生前を知る参加者からエピソードが次々と飛び出した。漫画原作の取材を通し、生前の人物像について証言を集めた本は数冊存じていたが、映像は見たことがない。藤野先生の表情や口調もそのままに思い出を語る古老の姿を後世に遺すべきだと思い立った。藤野家菩提寺の福円寺副住職・藤共生氏に相談し、映像として記録を残そうという話になり、あわら市市民協働課の炭谷祥孝氏に相談し、プロジェクトが始まった。

　映像は広く公開することを目的とし、あわら市とあわら市日本中国友好協会が主催することになった。撮影は、私の友人で映像作家の小川浩之氏（福井市在住）に依頼し、編集は藤・小川・後藤の三人で行うこととした。

　藤野先生を知る古老の調査については中番長寿会の徳丸健一氏らに協力を仰ぎ、地域住民の中で生前の藤野先生との思い出を語れる方に出演を依頼してもらった。インタビューは2021年2月、あわら市と坂井市に在住する、生前の藤野先生を知る81歳から93歳の男女6人の方におこなった。

　撮影した映像を改めて観て、ご年配の方たちの「語り」からは藤野先生の息づかいが伝わってくるようで、映像の力を感じた。動画を編集し、翌月に作品として完成させ、あわら市の公式YouTubeにて公開することになった。藤野厳九郎記念館には動画の視聴コーナーが設けられた。その後、中国語字幕バージョンも作成し、2022年6月に公開された。この動画はあわら市の友好都市である紹興市にも紹介された。

　2024年3月16日には北陸新幹線が福井県内まで延伸された。多くの人たちに地元の古老たちの「語り」を視聴してもらい、藤野先生に思いをはせてもらえたらと願っている。

①土田　岩男氏
（＠藤野厳九郎記念館）
生家が厳九郎と親しかった。「岩ちゃん」とかわいがられ、厳九郎の死に水を取る。

②藤井　正夫氏
（＠中番コミュニティセンター）
小学生の頃、厳九郎の診療所の窓ガラスを割り、謝りに行った。

③藤井　茂博氏
（＠中番コミュニティセンター）
5歳頃に診療所で受診した。

④蓮池　冨子氏
（＠中番コミュニティセンター）
小学生低学年の頃、診療所で受診した。

⑤米倉　敏夫氏
（＠中番コミュニティセンター）
小学生の頃、「とんび」服姿で診療所から帰る厳九郎を見かける。

⑥米倉　敏夫氏
（＠福円寺）
小学生の頃、実家（福井市）に長男（恒弥）のお骨を持ってあいさつに来た厳九郎夫妻を見る。また、本荘駅でも蓑笠姿の厳九郎を見かける。

映像作品「市民が語る生前の藤野先生」より語り手の古老紹介
あわら市提供資料に基づく

❷ 藤野厳九郎先生命日の集い「惜別忌」について

福円寺副住職　藤共生

　藤野家の菩提寺・福円寺（あわら市）では藤野厳九郎先生の命日である8月11日に命日の集い「惜別忌」を開催しており、2018年から毎年続けている。

　惜別忌は、本堂裏での墓参、本堂での法要、仏間でのミニ講演・座談の3パートで行う。法要の最後では、全員でそろって魯迅「藤野先生」の最後の箇所、藤野先生への尊敬の念を述べた一節を朗読する。ミニ講演では毎年、藤野先生にまつわるテーマで各界の講師を呼んでいる。その後、参加者それぞれに藤野先生への思い等を語ってもらう。

　惜別忌を始めたきっかけの一つは、2016年に福円寺が所属する真宗大谷派（東本願寺）の僧侶が企画する訪中団で、中国・南京市で開かれる平和法要に参加したことにある。そこで、藤野先生と魯迅のつながりは、日中両国にとって重要な友好関係であると示唆を受け、自身でも何かできないか模索し始めた。

　2013年にあわら市内で始まった戦国武将をしのぶ法要に触発され、命日の集いの開催を思い立った。控えめな人柄だったとされる藤野先生は、こうした開催を嫌がるのではないかとの懸念もあった。だが、藤野先生の生前の姿を知る人は地元の本荘地区でも徐々に減りつつあり、関心が薄れつつあることも感じていた。そこで、地元の老人会「下番・玉木シニアクラブ」の坪田忠昭会長に相談し、福円寺と同クラブの共催という形で惜別忌の開催を決めた。

　初開催の2018年は藤野先生に縁の深い4人の方が参列、翌年は漫画『藤野先生と魯迅』の原作者・後藤ひろみ氏（前項執筆者）にミニ講演（テーマは「藤野先生の漫画を原作して」）を依頼した結果、同氏の声掛けによって40人近い方が参列してくださり、以降毎年30人以上が参加してくださることとなった。2020年は橋本紘希氏（当時：福井県立歴史博物館学芸員）「藤野先生と魯迅先生の生きた時代」、2021年は徐桂国氏（大阪在住の華僑二世）「作品『藤野先生』と魯迅」、2022年は伊与登志雄氏（福井新聞特別編集委員）「講話　再読「藤野先生」—「脈管学ノート」を中心に—」、西川哲矢氏（大阪大学）「藤野先生の父藤野升八郎が学んだ緒方洪庵」、2023年は周非氏（都留文科大学）「魯迅『藤野先生』と未来」、2024年は卯生冬蓮氏（藤野厳九郎記念館職員）「記念館に勤めて」、と多彩な講師とテーマでおこなった。

　惜別忌の記録は冊子にまとめている。また地元のある小学生は後藤氏原作の漫画を読んで関心を持ち、毎年お祖母さんと一緒に来てくださるようになり、地域における反響を感じている。また、日中国交正常化50周年の2022年には中国国歌の作詞者・田漢の姪である田偉氏ご一行が来てくださった。「三人の藤野先生」展の企画担当者・西川哲矢氏との出会いも惜別忌がもたらしてくれた。

　さまざまな人たちと一緒に藤野先生を思う時と場を共有できることは、本当に貴重であると毎回感じている。これからは生前を知らない世代のわれわれが、どのように語り継いでいくかが課題となる。日中関係はここ20年、悪化の一途をたどってきた。このような時代だからこそ藤野先生と魯迅の結んだ関係を一つの道しるべとして、これからの時代を考えていきたいと願っている。

　最後に、藤野先生を慕うすべての人に開かれた場となるよう今後も心がけて準備していきたいと思っている。

　毎年8月11日の午後1時30分から開催の予定です。ご縁がありましたらどうぞお参りください。

惜別忌風景
2023年8月11日

中国での藤野先生

中国近代文学の父として魯迅を顕彰する中国では、厳九郎は魯迅の人生を語る上で欠くことのできない人物として紹介されている。

魯迅没後13年の1949（昭和24）年には、北京の魯迅故居が公開され、許広平によって魯迅生前の状態に戻された。そのとき、魯迅の書斎兼寝室には、作品「藤野先生」に書かれているように、東の壁に机に向けて厳九郎の写真がかけられた。

1954（昭和29）年には北京魯迅故居の傍らに展示館が建てられ、1956年（魯迅没後20年）に一般公開された。同館の図録では、魯迅の人生と業績が顕彰される中で、厳九郎が取り上げられている。また、2007（平成19）年には、厳九郎と魯迅の惜別百年を記念し、あわら市から同博物館に藤野厳九郎胸像が贈られ、同館前に設置された。同館からあわら市へは、魯迅の胸像が贈られた。

翌2008（平成20）年には、あわら市から魯迅の故郷・浙江省紹興市に、姉妹都市締結25周年を記念し、厳九郎胸像が贈られ、同市魯迅記念館の前庭に設置された。

上海のほか、広州や南京、廈門にも魯迅記念館が開設されている。また、中学2年生の国語教科書には魯迅「藤野先生」が掲載されている。義務教育を受けた中国人なら誰でも厳九郎を一度は勉強していることになる。それゆえ、日本よりむしろ中国で厳九郎は有名なのである。

藤野厳九郎胸像
（北京魯迅博物館前）
2024（令和6）年撮影

北京魯迅故居の魯迅書斎
北京魯迅博物館編『魯迅1881-1936』（河南文芸出版社、2008年）より転載
壁には厳九郎の写真がかけられている。

『义务教育教科书语文八年级上册』（中国の中学2年生国語教科書）
（人民教育出版社、2017年）
魯迅「藤野先生」が掲載されている。教科書では、藤野先生はどのような人物だったのか？ なぜ魯迅を最も感激させたのか？ などの問いかけがなされている。

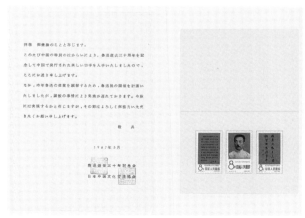

魯迅記念切手
豊中市日本中国友好協会蔵（藤野家旧蔵）
1966（昭和41）年
日中国交正常化前に作られた魯迅の記念切手が、藤野家にも届いた。

コラム② 魯迅と豊中市―鳩をめぐる平和の願い―

相逢一笑泯恩讐

　1932（昭和7）年2月6日、現豊中市（穂積）在住で毎日新聞の記者であった西村真琴は、第一次上海事変（満洲事変勃発後、日本が上海で起こした軍事行動）の陣中慰問使として中国に派遣された。日本軍の攻撃により廃墟となった上海郊外の三義里で、傷ついた鳩が歩み寄ってきたという。2、3日注意深く世話をし、偶然出会った作家・村松梢風と話し、魯迅にこの鳩のことを聞かせたいと、内山完造を頼ったが、会うことはできなかった。

　西村は、この鳩を日本に持ち帰り、将来この鳩に子供ができたら平和の使者として上海に送ろうと考えていた。鳩は三義と命名し、帰国後、鳩舎に日本の鳩と一緒に入れたところ親しくなったが、不幸にも、三義はテンに襲われ死んでしまう。これに心を痛めた西村はじめ地元の穂積村の人びとは、野づら石を運んできて西村の家に墓を作り葬った。これを聞きつけた公使の重光葵（後の外務大臣）は、墓石に「三義塚」と染筆し、文字が刻まれた。

　1933（昭和8）年、西村はこの鳩をめぐる一連の出来事を手紙にしたため、鳩の絵を添え、魯迅に詩文を求めた。二人に面識はなかったが、魯迅は西村の思いに応え、「題三義塔（三義塔に題す）」という七言律詩を作って送った。最後の一句「相逢一笑泯恩讐」は中国で非常に有名である。

　三義塚はその後移設され、現在は、豊中市立中央公民館東隣に佇んでいる。2002（平成14）年には塚の背後に「題三義塔」を刻んだ碑も建てられ整備された。豊中市は、三義塚を市民の貴重な歴史的、文化的財産として顕彰し、また豊中市日本中国友好協会も、以上のような歴史的経緯を踏まえた日中友好事業をおこなっている。

西村真琴肖像写真
豊中市日本中国友好協会提供

西村真琴が魯迅に贈った鳩の絵
1933（昭和8）年2月9日
北京魯迅博物館編『魯迅 1884-1936』（河南文艺出版社、2008）より転載
西村が自ら描いた鳩・三義の絵。「西東国こそ異へ小鳩等は親善あへり一つ巣箱に」と書き添え魯迅に贈った。

三義塚
1932（昭和7）年
豊中市日本中国友好協会提供
「三義塚」と刻まれた頃の三義塚。文字がくっきりと読める。

（訳）西村真琴博士のために、一横巻を書す

「魯迅日記」
1933（昭和8）年6月21日付

（訳）西村真琴の手紙と自画の鳩の図一枚を受け取る

「魯迅日記」
1933（昭和8）年4月29日付

魯迅手稿全集編集委員会編『魯迅手稿全集』
22 日記編五（国家図書館出版社・文物出版社、2021年）より転載

魯迅詩「題三義塔」(三義塔に題す)
1933(昭和8)年6月21日
個人蔵(豊中市日本中国友好協会提供)
魯迅が、西村真琴の思いに応えて詠んだ詩。

詩の解説

奔霆飛熛(燄)殲人子	奔霆・飛熛 人の子を殲し
敗井頽垣臏餓鳩	敗井・頽垣 餓鳩を臏す。
偶値大心離火宅	偶々大心に値て火宅を離れ
終遺高塔念瀛州	終に高塔を遺して瀛州を念う
精禽夢覚仍銜(啣)石	精禽夢覚めて仍お石を銜み
闘士誠堅共抗流	闘士誠堅くして共に流に抗す
度尽劫波兄弟在	劫波を度り尽せば兄弟在り
相逢一笑泯恩讐	相逢うて一笑すれば恩讐泯ぶ

西村博士于上海戦役得喪家之鳩持帰養之。初亦相安而終化去建塔以蔵。且微題詠。率成一律聊答遐情云爾。
一九三三年六月二十一日　魯迅并記【印】

西村博士は、上海戦役にて喪家の鳩を得、持ち帰ってこれを養った。初め安らかであったがついに亡くなる。塔(塚)を建てそこに埋葬された。題詠を求められ、にわかに一律を成し、いささか遐情(はるかなるこころ)に答える。

※この詩は魯迅『集外集』に収められたとき、1句目：燄→熛、5句目：啣→銜、と改められた。

三義塚
2022(令和4)年9月撮影
豊中市立中央公民館東隣の歩道に面した箇所にある。

詩の大意：奔霆(走り回る雷、爆撃)、飛熛(飛び交う火、砲弾)によって、人の子が焼き尽くされ、あとには、飢えた鳩が一羽のこされた。たまたま(西村真琴の)慈悲の心にあって災難を逃れたが、ついに亡くなり、三義塔(三義塚)を残して瀛洲(日本)を念う。鳩は精禽(精衛)という伝説の鳥になって、海を埋め続けていくだろう。途方もない時間を経て渡り尽くせばそこには兄弟がいる。逢って一笑すれば、恩讐(恩義とうらみ)は消滅する。

詩の後半は、『山海経』「北山経」に見える神話"精衛填海"が下敷きになっている。炎帝の娘の女娃が、東海に游んで溺れて死に、精衛という鳥に化けて、自分を溺れさせた恨みを晴らすべく、西山の木や石をくわえて、東海を埋め続ける話である。魯迅は、死んでしまった鳩を精衛になぞらえた。

死んだ鳩は精衛が東海を埋め続けるように日中の間に横たわる深い溝を埋め続けることがイメージされる。そして、それには、闘士の堅い誠と途方もない時間が必要であるが、いつかそれを乗り越えれば、日中が兄弟として互いに一笑できるというメッセージが読み取れる。そのときには、恩讐は消え去るだろうと詠み、西村の思いに応えたのである。

魯迅は、内山完造が中国と中国人について書いた『生ける支那の姿』(1935)の序文を書いており、その最後で、「自分の考では日本と支那との人々の間はきつと相互にはつきりと瞭解する日が来ると思ふ。」と述べると同時に「兎に角今は其時でないのである。」と記した(内山、1979)。その翌年(1936年)に魯迅は帰らぬ人となる。日中両国民が相互に「瞭解する日」は、未来の我々の努力に託されたわけである。

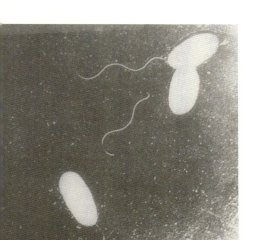

第3章
腸炎ビブリオ発見者・藤野恒三郎

どうぞ、道のため人のために御自愛ください。

知性と徳性を欠くものは亡ぶ

ノウゼンカズラ（神戸学院大学薬草園）
2023（令和5）年撮影
恒三郎は、ノウゼンカズラの花が好きだった。大阪大学退職後に務めた神戸学院大学にも植えたという。ノウゼンカズラは今なお花を咲かせている。

藤野恒三郎

は、藤野恒宅（明次郎）の三男として、1907（明治40）年1月28日に生まれた。升八郎の孫、巌九郎の甥にあたる。1931（昭和6）年、大阪医科大学を卒業、1934年に大阪帝国大学医学部助手、1936年に同講師となる。その後、戦時応召でビルマ（ミャンマー）などへの従軍を余儀なくされ、軍医として伝染病の研究に従事するが、その際の経験は、後の恒三郎にさまざまに影響することとなる。

復員後、大阪大学微生物病研究所教授となった恒三郎は、1950（昭和25）年に発生した集団食中毒の原因菌の分離に成功し、腸炎ビブリオの発見という細菌学史に残る偉業を成し遂げた。1955年からは師の谷口腆二の後任として、第4代微生物病研究所長を3年間勤めた。

恒三郎は教育熱心で、学生への講義の準備も入念におこない、最新研究も取り入れた。1970（昭和45）年に大阪大学を定年退官した後、1973年には新たに創設された神戸学院大学薬学部の中心的な教授として、1984年まで学生教育に力を入れた。1992（平成4）年にその生涯を終える。

恒三郎は、歴史・文学・芸術にも造詣が深く、細菌学研究の傍ら蘭学・医学史の研究にも取り組み、適塾顕彰活動に関しては大阪大学におけるパイオニア的存在だった。活動を通じ、作家・司馬遼太郎との交流が芽生えた。現在、適塾は大阪大学の精神的源流とされ、恒三郎に端を発する適塾顕彰活動は、大阪大学適塾記念センターに継承されている。

恒三郎執筆写真
大阪大学適塾記念センター蔵
（藤野家旧蔵）

司馬遼太郎肖像写真
司馬遼太郎記念館提供

蘭方医藤野恒三郎に扮した恒三郎
緒方洪庵と適塾を題材とした映画「適塾」（映画"中之島"制作グループ　高比良昇、1980年）に総髪・着物姿で登場する。

> 藤野先生は、学問を愛し、研究室を愛し、家族を愛し、もう愛するものはないかと探して、医学の歴史を愛されました。
>
> むろん、ミケランジェロも愛し、解剖学的な美術の祖ともいうべきダ・ヴィンチも愛されました。
>
> 愛を無愛想なお顔で包んでおられました。そのあたり、魯迅の「藤野先生」を想わせました。…
>
> 司馬遼太郎の弔電より

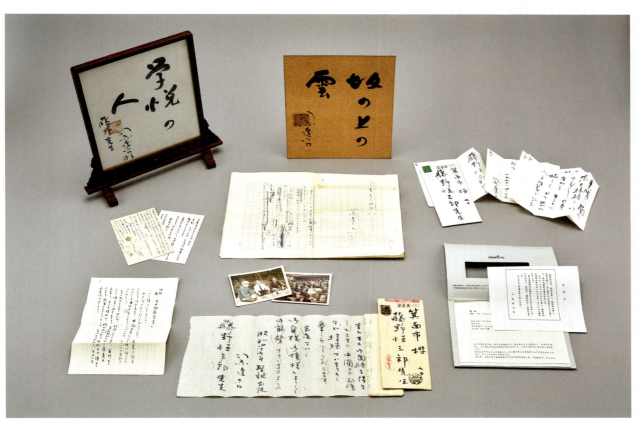

司馬遼太郎関係資料（藤野家にもたらされたもの）
個人蔵

秋の日の午後、すき焼き鍋を囲んで談笑する藤野恒三郎（右端）、山村雄一（中央）、司馬遼太郎（左端）
1980（昭和55）年頃
個人蔵

カルペパー型顕微鏡
大阪大学適塾記念センター蔵（藤野家旧蔵）

朝日賞 昭和三十九年度

腸炎ビブリオの発見と研究

食中毒の新しい病原菌「腸炎ビブリオ」を発見し 多くの学者の協力を得て この菌の基礎・臨床両方面にわたる広範な調査研究をつづけられ 従来原因不明であった日本の食中毒の大半が「腸炎ビブリオ」によることを明らかにされました これは日本の細菌学界に輝く成果であり 国民の公衆衛生への絶大な寄与であります ここにその業績を讃え 朝日賞規定により本賞を贈ります

昭和四十年一月十三日

朝日新聞社

藤野恒三郎殿
瀧川巌殿
福見秀雄殿
坂崎利一殿

朝日賞賞状
朝日新聞社
1965（昭和40）年
大阪大学適塾記念センター蔵（藤野家旧蔵）
朝日賞は、1929（昭和4）年、朝日新聞創刊150周年事業として作られた。学術、芸術等の傑出した業績を表彰する。

朝日賞受賞記念品（齋藤素巖によるブロンズオブジェ）
朝日新聞社
1965（昭和40）年
大阪大学適塾記念センター蔵（藤野家旧蔵）

恒三郎の朝日賞受賞祝賀会の記念写真
1965（昭和40）年1月7日
大阪大学適塾記念センター蔵（藤野家旧蔵）
朝日賞受賞を祝して、弟子たちからなる七種会（ななしゅかい）のメンバー他関係者が集まって撮影した集合写真。

七種会より贈られた朝日賞受賞記念品
1965（昭和40）年1月7日
大阪大学適塾記念センター蔵（藤野家旧蔵）
腸炎ビブリオ菌を模した銀プレート。

> 何ごとによらず、人から与えられる評価は高低さまざまであります。高い評価も、軽い評価も、甘んじて受けねばならないのが人の社会の常でございます。
> …
> 誰もが最高の評価を与えられるものとは思いません。かねて申していますように、この数年来日本の学会が、わが独創性を認める方向に進んでいるのを見たり聞いたりして、独り悦に入り、満足していた私は、皆さんといっしょになって、それを話題に出来るようになったのは、全く朝日新聞のおかげであります。
> ―朝日賞受賞祝いにつき、恒三郎が弟子達へ送った礼状より

1 腸炎ビブリオ発見の功績

　1950（昭和25）年10月、大阪南部でシラスによる大規模食中毒事件が発生し、患者数272名、死者数は20名にのぼった。敗戦からまだ5年目でGHQ占領下にあり、前年に発生した下山事件、三鷹事件、松川事件などの社会擾乱事件の延長として捉えられる向きもあった。

　行政上の重大性を考えて大阪府はシラス中毒調査対策本部を臨時に設けた。大阪府衛生部長土田を最高責任者とし、大阪府衛生部、大阪市衛生局の他に大阪大学医学部法医学教室、大阪大学微生物病研究所、大阪市立大学医学部細菌学教室、大阪府立衛生研究所、大阪市立衛生研究所がこれに加わった。

　恒三郎は原因菌の検索にとりかかり、腸炎ビブリオの分離に成功する。このとき、戦時応召で赴いたビルマでのペスト菌培養の方法が役立った。

　シラス中毒事件の原因菌を突きとめた恒三郎は、この細菌が当時の細菌分類学の知識に照らして新種細菌であると結論付け、*Pasteurella parahaemolytica* と命名した。翌年の第25回日本伝染病学会において発表し、1953（昭和28）年には *Medical J. Osaka University* に英文論文を発表した。

　しかし、恒三郎の功績は、世に認められるまでに長い時間を要した。ほとんどすべての病原細菌は、パストゥールやコッホが活躍した19世紀後半の細菌学黄金時代に発見されたと考えられ、新たな病原細菌の発見を信じる研究者は少なく、細菌学会の反応は冷やかだったという。

　その後、細菌分類学の発展にともない、*Pasteurella parahaemolytica* は、腸炎ビブリオ（*Vibrio parahaemolyticus*）と命名され、発見から15年が経とうかという1965（昭和40）年1月、恒三郎は「腸炎ビブリオの発見と研究」の功績で、滝川巌、福見秀雄、坂崎利一とともに朝日賞を受賞した。滝川は腸炎ビブリオの好塩性の発見、福見と坂崎は腸炎ビブリオの分類学的研究を評価されての共同受賞となった。

　腸炎ビブリオは、海産物に由来する食中毒の主要な原因菌である。恒三郎の発見は、魚介類の摂取が多い日本人の食文化にとってきわめて重要な意味を持った。

藤野恒三郎肖像写真
1958（昭和33）年
大阪大学適塾記念センター蔵（藤野家旧蔵）
白衣姿。背後に顕微鏡。

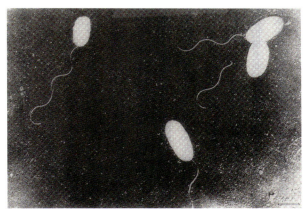

恒三郎が1956（昭和31）年の学会で供覧した電子顕微鏡写真
藤野恒三郎『続学悦の人』（藤野玲子、1993年）より転載

腸炎ビブリオの発見とビルマ（ミャンマー）での経験

　腸炎ビブリオの発見には、恒三郎が戦時応召で赴いたビルマ（ミャンマー）でのペスト菌分離の経験が役に立ったという。ペスト罹患の疑いのある少年を診たときのことを、恒三郎はたびたび語っている。「1943年初夏の頃、インパール作戦真最中、中部ビルマの高原メイミョーの町で、ペストが発生した。すでに軟化している原発ペスト腺腫にはブドウ球菌が多くてペスト菌分離の材料として適当ではないことは知っていたが、硬く腫れたリンパ腫に食塩水を少量注入して吸引すると、少年患者が余りにも痛がる。その少年の恨めしそうな哀れな視線と私の視線がびたりとあった瞬間、私はそれをやめることを決心して吸引しやすい軟化したリンパ腺を選ぶことにした。ブドウ球菌が混じってはいたが、接種されたモルモットは翌朝死んだので、その脾と腹水からいとも簡単に純培養を取ることに成功した。」（藤野恒三郎・福見秀雄、1967）

　少年の恨めしそうな哀れな視線を感じた恒三郎は、ペスト菌分離という医学的目的のために患者を手段として用いなかったわけである。かえって患者に苦痛のない方法が功を奏した。未知の細菌に立ち向かう恒三郎の脳裏には、過酷な戦争時代に出会った少年との思い出があったのである。

腸炎ビブリオ発見とGHQ

　また、腸炎ビブリオ発見までの調査の過程において、恒三郎が語った興味深い話がある。少し長いが、当時どのような状況で、恒三郎が調査に携わっていたかを知り得る内容であるので、以下に引用する。

> 　大阪府のシラス事件対策本部へ、新種と決定する前に同定のむつかしいグラム陰性桿菌が *Proteus morganii* と同時に分離されたことと、シラス中毒事件はこの二種の細菌の混合感染によって起こったものと考える私たちの結論を報告しておいた。このことが厚生省に報告されたためか、大阪府衛生部食品衛生課員からこの菌株を提出するよう厚生省から求められているとの通知があった。当方で完全な同定ができていないものを分与するわけにはいかないと私は同意せず、ただ染色標本だけを渡した。ところがG.H.Q.の米人2人と厚生省の人が来阪して、府対策部長土田司会のもとに協議会がひらかれ、各自が担当調査成績を報告しあったとき、この厚生省の人は一段と声を高くして、「大学の先生方はもっと厚生省に協力してもらわねば困る」と演説したのには驚いた。誰のことを非難しているのか見当がつかなかったが、この地域の大事件であると思えばこそ、対策本部の一員として働きもし、中間報告もしてきた。この期に及んで何が故に非協力呼ばわりされるのか？　アメリカ人の前でことさら声を大にするのは、われわれの非協力をアメリカ人に叱ってもらうためかとすら勘ぐってみたほどである。この演説が終った直後発言をもとめた私はアメリカ人に制されて、この厚生省の人に質問することすらできなかった。しかしこの席で別にG.H.Q.のアメリカ人から叱られはしなかったが、土田招待の中華料理の会がひらかれるまでのひととき、土田から一応とめられたが、余りにも意外な非難演説の本旨が何であるかを当の厚生省の人に詰問してみた。それには大村も桑島も同調してのことである。その時の返答を明確に記憶していないが、純培養株がとれたというから提出せよというのに承諾しなかったのがいけなかったらしい。またG.H.Q.が取り寄せよと命じてきたので、厚生省はやむなく当方へ提出をもとめてきたのかも知れなかった。今でもわからないが、今となっては何でもないことだ。厚生省もG.H.Q.の圧力のもとにあった被占領国の行政官庁であった時代のささやかな事件ではあったのである。…（藤野恒三郎・福見秀雄、1964）

　真相は不明だが、GHQ占領下における研究者の置かれていた理不尽な状況が垣間見えるものである。恒三郎の弟子・三輪谷俊夫（大阪大学微生物病研究所第12代所長）は、以上の恒三郎の話を引用した上で、もし、未同定の桿菌を提出していたら、腸炎ビブリオの発見者はアメリカ人だったかもしれないという（三輪谷・大橋、1990）。

　ちなみに、恒三郎は厚生省の人に詰問したと書いているが、恒三郎の弟子・竹田美文は、この詰問が「いかに凄まじかったかは、直接藤野に指導を受けた私ども弟子以外には、想像が難しいに違いない。」と述べている（竹田、2015）。言うべきことを言わずにはいられない恒三郎の謹厳実直な性格がうかがえる。研究者としての矜持を見せた恒三郎は、社会のために真実の探究を続け、報われることになる。

医学会に認められる

腸炎ビブリオの発見という細菌学における功績に対して、最初に賞を与えたのは、細菌学会ではなく、朝日新聞社であった。一般的な受賞の順序としては、細菌学会において功績が認められた後に、その研究の持つ社会的な影響力の大きさが評価され、朝日賞受賞となるはずだろうが、そうではなかった。朝日賞では、従来原因不明であった食中毒の大半が腸炎ビブリオによることを明らかにしたことを「日本の細菌学界に輝く成果であり、国民の公衆衛生への絶大な寄与」と賞された。恒三郎の弟子達を中心的な構成員とする七種会は朝日賞受賞を祝賀した。これに対する恒三郎の礼状（58頁）からは、表彰されることの喜びとともに、長年評価されなかった悔しさも読み取れる。

朝日賞受賞の翌年、ようやく日本細菌学会に腸炎ビブリオ発見の功績が認められ、その公衆衛生への寄与が評価され、浅川賞が贈られた。なお、受賞が決定した際の理事会では、恒三郎も理事として出席していたという。最終投票では、恒三郎一人が白票を投じ、他は全員一致で賛成となったと自ら語る（藤野恒三郎・大阪府「なにわ塾」、1986）。さらに、1972（昭和47）年には、細菌学研究に長年従事し、腸炎ビブリオの発見という業績をあげたことにつき武田医学賞を授与された。

腸炎ビブリオ食中毒をゼロにしなければ困る

細菌学会からも認められた恒三郎は、医学上の貢献のさらに先を考えていた。「腸炎ビブリオの学問がいくら進歩しても、腸炎ビブリオ食中毒をゼロにしなければ困る。この中毒を絶滅することこそ学者としての使命である」（藤野恒三郎、1968）。恒三郎は、社会啓発に率先して行動し腸炎ビブリオ対策に尽力した。

1968（昭和43）年にまとめた『腸炎ビブリオ読本』では、腸炎ビブリオ菌の性質、衛生対策についてコミカルな絵とともに軽妙洒脱な言葉で分かりやすく解説されている。腸炎ビブリオ菌は魚介類に生息し、10℃以上になると活動が活発化するため、冷蔵庫を用いることを推奨し、移動の際は発泡スチロールの箱に氷を入れて低温保存することを求めた。また傷がつきにくいプラスチックまな板の利用を促し、生魚を調理するときのまな板の使い方や、布巾を清潔にすることなど、今では常識となっている衛生観念の普及に努めた。また、豊中市の仕出し屋で食中毒が発生したとき、被害者補償につき店主に的確なアドバイスもおこなったという（竹田美文談）。そのおかげか、店主が被害者に対して治療費一切の諸経費の負担を申し出たところ、予想したほどのお金の引き出しはなかったという。

なお、この『腸炎ビブリオ読本』の校正を恒三郎宅の書斎にこもって手伝った弟子の竹田美文は、できあがったときにミスを発見して恒三郎に謝ったところ、「校正が完全に出来る筈がありません。君は出版社の編集者じゃないのですから…」と優しい言葉をかけられたという（藤野恒三郎、1993）。

浅川賞賞状
1966（昭和41）年
大阪大学適塾記念センター蔵（藤野家旧蔵）

武田医学賞賞状
1972（昭和47）年
大阪大学適塾記念センター蔵（藤野家旧蔵）

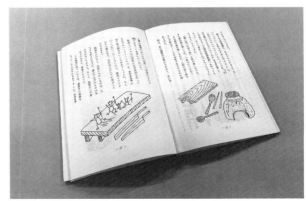

藤野恒三郎『腸炎ビブリオ読本』（納谷書店、1968年）

2　文学青年から医の道へ

　1919（大正8）年、本荘村立尋常高等小学校の尋常科を卒業した恒三郎は、福井県立武生中学校（旧制、5年制）に入学し、寄宿舎に入る。同年夏に父が急死し、恒三郎と姉、妹の三人は、芦原温泉町で父の医院に協力していた長兄・保太郎（恒宅）に養われる。
　中学の寄宿舎には小さな図書室があり、恒三郎は、兄と姉の読んだ本も受け継いで、読書の楽しみを知ったという。中学4年生までは惜しみなく小説に時間を費やし、試験では80点以上とる努力を考えなかった。同級生からは文学部進学を噂されていたが、本人としては医家に生まれた者として医者にならなければならないと思っていた。また、中学4年生のときに赴任してきた校長・齋藤藤吉の進化論や遺伝学にまつわる講話に影響を受け、真理の探究について、学問に精進して、ひたすら道を進めるものでなければならないと学んだ（藤野恒三郎、1993）。
　1924（大正13）年に大阪医科大学予科（現大阪大学医学部）に入学し、1931（昭和6）年の卒業と同時に創立された大阪帝国大学の岩永仁雄の第二外科学に志願して入る。しかし、医局での修学は心身を疲弊させるものだった。半年後に体調を崩して2週間ほど入院した後、郷里で静養。翌1月には、岩永外科学教室を去る意志を固め、細菌学の谷口腆二を訪れる。学生のとき、谷口の名講義に感銘を受けたことも細菌学を志すにいたった理由だという（藤野恒三郎、1976）。適塾門下生・長与専斎の子息・長与又郎の弟子にあたる谷口は、挫折した恒三郎をあたたかく受け入れた。ここにおいて、恒三郎の細菌学者としての道筋が決まった。

兄・保太郎（恒宅）とともに
大阪大学適塾記念センター蔵（藤野家旧蔵）
幼少期の恒三郎（向かって左側）。

学生時代の集合写真
大阪大学適塾記念センター蔵（藤野家旧蔵）
学生時代の恒三郎（向かって左奥）。

書初め
大阪大学適塾記念センター蔵（藤野家旧蔵）
幼少期の恒三郎。

庭で読書
1922（大正11）年
大阪大学適塾記念センター蔵（藤野家旧蔵）
中学4年生の恒三郎。恒三郎自身も思い出深い写真だったようだ。中学最後に買った小説・高山樗牛『瀧口入道』を読んでいるという（藤野恒三郎、1993）。

学生時代の授業風景写真
大阪大学適塾記念センター蔵(藤野家旧蔵)
学生時代の恒三郎(向かって右から二人目)。

化石採集第1回旅行の記念写真
1925(大正14)年
大阪大学適塾記念センター蔵(藤野家旧蔵)
学生時代の恒三郎(向かって左端)。

教室のメンバーと一緒に
1950(昭和25)年頃
大阪大学適塾記念センター蔵(藤野家旧蔵)
恒三郎(前列中央)。

藤野恒三郎医師免許証
1931(昭和6)年4月7日
大阪大学適塾記念センター蔵(藤野家旧蔵)
藤野恒三郎は大阪医科大学卒業後、卒業証書が審査され、医師免許が付与された。

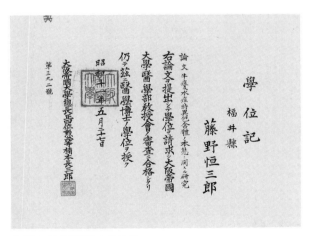

藤野恒三郎医学博士学位記
1936(昭和11)年
大阪大学適塾記念センター蔵(藤野家旧蔵)
「牛痘及水痘ノ特異包含体ノ本態ニ関スル研究」の博士論文により医学博士の学位取得。

医局生活はわずかに半年

「我、あやまてり」と悟り、それを口にすることは、男としてつらいことです。しかし、生きるためには、決断しなければなりません。志願して、岩永先生の腹部外科手術、最も得意とされた腸結核・胃癌・直腸癌の手術の下級助手をつとめました。岩永先生の指の動きを見つめていた時間のうちに、「外科手術は名人芸でなければならない」との言葉が頭に浮かんできました。「大手術は短時間にかつとめたいと思います。」との条件があったことは、今と異なるところかも知れません。あの頃、「九月の終わり頃まではどう」

「鵜のまねする烏」　昭和六年の十二月、新卒業生なら誰もが希望に輝いて正月を待つべきとき、毎日うす曇の雲がたれこめて、あられや雪のふる芦原温泉の兄の家で静養しつつ、小学生の頃おぼえたこの格言をかみしめて独り苦笑していました。やがて夕食でもたべられない。それに気づいて午前中大手術の助手をつとめたあと、昼食が食べられないで疲労する。十月にはいると、奇妙な腹痛の発作と下痢に苦しむ。入院生活約一週間ほどで退院して帰郷、静養することになりました。昭和七年・昭三年の正月、体力が恢復し、兄の諒解を得て「我あやまてり。鵜のまねして水死しかけた烏ににている」と決意。岩永外科教室を去るしかない。と決心。入院生活約一週間ほどで退院して帰郷、静養することになりました。中学の先輩・今の国立循環器病センター名誉総長吉田常雄さん（第一内科助手）に相談して入院。入院生活約一週間ほどで退院して帰郷、静養することになりました。二年の夏休みから出入りを許されていた細菌学教室の谷口腆二先生を、正月七日に訪ねた。これが良かった。人生の分岐点でした。

「先生から親しく激励を受けて、岩永流外科術を身につけようと思いましたが、駄目でした。心身ともに弱いものは駄目と悟りました」と実情を報告して、早く助手になれる基礎医学教室を探している本音まで話してしまいました。

「この教室の細川助教授（大十年、故人）らほとんど皆が君を知っている。うちへ給え、すぐ助手にはできないが・・・なんとかなるだろう・・・」との温かい言葉にひかれて、決めたのが我が細菌学への道、岩永外科教室から離れたあらすじです。

（一九八四年二月十九日第二外科同窓会総会より）

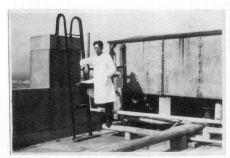

藤野恒三郎「医局生活はわずかに半年」
大阪大学適塾記念センター蔵（藤野家旧蔵）
医局時代の挫折と谷口腆二との出会いまでが回想された文章に、医局時代の恒三郎の写真が配されている。

藤野恒三郎と谷口腆二
1952（昭和27）年
大阪大学適塾記念センター蔵（藤野家旧蔵）
谷口腆二の退官祝い。恒三郎は、谷口を継いで第4代微生物病研究所所長となった。

藤野恒三郎・谷口腆二と微研・BIKEN財団

大阪大学微生物病研究所（以下、微研）は、約90年前の1934（昭和9）年、大阪帝国大学で最初の付置研究所として発足した。微研は設立以来、微生物病をキーワードに、病原体や感染症、免疫、がんを中心に研究を展開し、生物学分野における基礎研究を牽引してきた。恒三郎の腸炎ビブリオの発見のほか、岡田善雄による細胞融合の発見、奥野良臣・高橋理明の麻しん・水痘各ワクチン開発、審良静男の自然免疫システム解明などの業績が生み出された。

微研設立を主導したのは、恒三郎の師で、微研第3代所長となる谷口腆二（1889～1961）だった。谷口は大阪医科大学細菌血清学教授だった1930（昭和5）年頃、外来伝染病の侵入門戸となりつつあった関西に微生物病研究機関設立を学長の楠本長三郎（のち大阪大学総長）に強く要望した。谷口の熱意に賛同する篤志家の山口玄洞から多額の寄附もあり、微研は堂島の地（現NTTデータ関西）に誕生した。

谷口が描いた構想の画期的なところは、財団法人・阪大微生物病研究会（BIKEN財団）という大学発のベンチャーを同時に発足させた点にあった。山口による寄附を基金に財団を運営し、微研の基礎研究を財団が応用、およびワクチン等の製造・検査・供給を担うという形で機能している。

ちなみに、腸炎ビブリオについては、恒三郎の発見以後も同研究所で感染・発症メカニズムの研究が継続され、三輪谷俊夫研究グループ、本田武司研究グループの研究に続き、近年では、飯田哲也研究グループが全ゲノム解読や下痢誘導メカニズムの解明などという成果を生み出している。

堂島時代の大阪大学微生物病研究所
個人蔵
あるとき、医師達が建物の前でキャッチボールをしていたら、恒三郎は「患者にあたったらどうするんだ」と一喝したという。

堂島時代の大阪大学微生物病研究所前で
個人蔵
堂島時代の微生物病研究所にて。吹田に移転するときの写真。向かって右から恒三郎、篠田純男、田村俊秀。田村は藤野研の医師（当時大学院生）。篠田は、恒三郎退官までの3年間、藤野研の文部教官・助手（助教）を務めた。篠田は、恒三郎について、怖くはなかったが筋の通らないことに厳しく、普段の会話の中であるべき人間について教えられたと語る。

大阪大学微生物病研究所創設之地碑銘
2023（令和4）年12月撮影
1967（昭和42）年、微生物病研究所は吹田へ移転した。1980年、堂島時代の微生物病研究所跡地に設置された。

3 医学史への傾倒

恒三郎は、歴史・文学・芸術に大きな関心を寄せていた。オランダの画家レンブラントのことを知らない弟子を、ひどく怒ったこともあるそうだ。「そういう無教養なことで、医学という大きな学問ができるか。」（週刊朝日MOOK、2008）

実際、恒三郎の学問は細菌学という枠に囚われない、幅広さと深い洞察に満ちていた。古今東西の古典に親しみ、専門外の学者・文化人と交流を持った。1970（昭和45）年、大阪大学退官を記念して出版された『学悦の人』には、医学のみならず、叔父厳九郎のこと、蘭学・医学史、適塾、さらには戦争のことなど多岐にわたる内容が盛り込まれた。書名にある「学悦」は、「法悦」をもじった恒三郎の造語で、学界の人の悦びを意味する。

恒三郎が、細菌学研究の傍ら特に力を入れたのは、蘭学・医学史だった。専門の細菌学の歴史のみならず、緒方洪庵の事績、大阪のオランダ医学、顕微鏡の歴史など多方面に執筆した。1974（昭和49）年に上梓された『日本近代医学の歩み』では、日本近代医学史を通史的に描く。ルネサンス医学から説き起こし、江戸時代の医学・蘭学を論じ、大坂の学問文化に触れ、緒方洪庵を登場させ、適塾門下生の功績から明治時代の医学を見据えた。

恒三郎の医学史への関心は概説的な記述にとどまらなかった。『大阪大学医学伝習百年史』に携わったほか、微研の歴史を「微研三十五年小史」としてまとめ、地域史的な視角から細菌学の歴史を叙述した「大阪細菌学史」等の著作も残した（藤野恒三郎、1970）。

神戸学院大学退官後には大著『藤野・日本細菌学史』（1984）を上梓し、1986年、大阪における蘭学や大阪にまつわる医学史研究が評価され、大阪文化賞を受賞した。

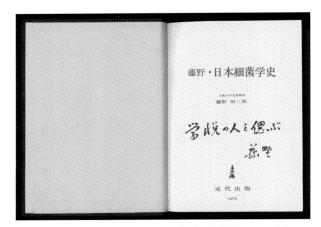

藤野恒三郎『藤野・日本細菌学史』（近代出版、1984年）
恒三郎旧蔵本。「学悦の人を偲ぶ　藤野」との書き込みがある。

恒三郎の功績と医学史

『藤野・日本細菌学史』（近代出版、1984）は、恒三郎が、自らの専門である細菌学について、明治初期の細菌学輸入から戦後までの細菌学知識発達の歴史を記述したものである。「医学史研究は文化史研究の一部である」という信念のもと695頁にわたって書かれ

竹田美文「〈明治・大正・昭和の細菌学者達12最終回〉藤野恒三郎—腸炎ビブリオの発見」『モダンメディア』第61巻第12号（2015年）

大阪文化賞賞状
1986（昭和61）年
大阪大学適塾記念センター蔵（藤野家旧蔵）
医学の進歩発展と大阪の文化の振興に著しく貢献したことにより受賞。

た大著である。ただし、本書は1947（昭和22）年4月1日で締め括られており、その後に置かれるべき恒三郎の功績は書かれていない。そのことを聞かれた恒三郎は「後世の人が評価してくれますよ」「私の業績は次の世代の研究者達が論評しますよ」などと語り（藤野恒三郎・大阪府「なにわ塾」、1986）、自らの歴史的評価は後学に委ねた。

弟子の一人・竹田美文は、たびたび師・恒三郎の功績に言及している。『モダンメディア』誌上に連載された「明治・大正・昭和の細菌学者達」の最終回に「藤野恒三郎—腸炎ビブリオの発見」（『モダンメディア』第61巻第12号、2015年）を置き、師・恒三郎が自ら書かなかった功績を論評し、細菌学の歴史上に恒三郎を位置付けた。

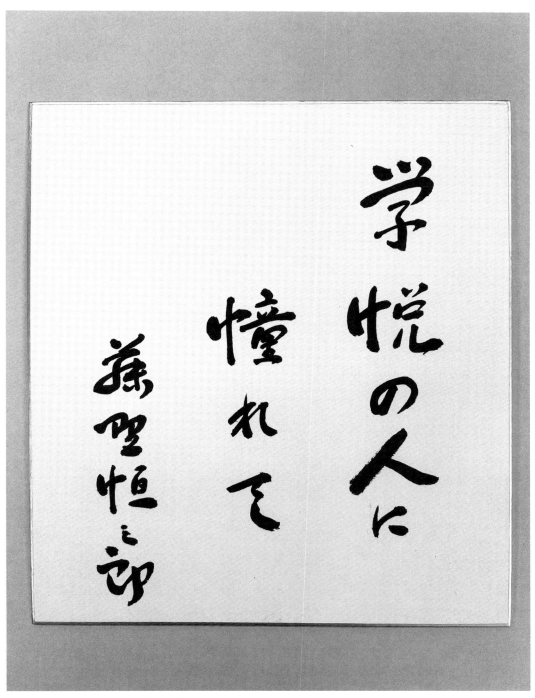

藤野恒三郎色紙「学悦の人に憧れて」
1991（平成3）年頃か
大阪大学適塾記念センター蔵（藤野家旧蔵）

恒三郎収集品

医学史研究が高じ、恒三郎はさまざまな医学史関係の資料、文化財を収集した。いずれも興味深いものである。

恒三郎は種痘史に造詣が深かった。収集品には、明治期大阪の種痘済証明書がある。入手経緯は不明である。この証明書には被接種者の氏名と生年が記録されるとともに、接種担当の医師の名前と印が捺されている。2回目の記録（明治39年2月18日）のみ記され、朱印で「不善感」とあり、接種の成否（善感／不善感）も記録されたことが分かる。明治の大阪における種痘記録として興味深いものである。台紙に貼り付けて蔵されていた。

また、牛痘接種法の創始者ジェンナーに関する彫像についても関心があった。恒三郎は、「我が子に種痘するジェンナーの大理石像」の所在を知りたく、1966（昭和41）年、イタリアのジェノバにあるらしいことまで分かったが、同地に赴いた際に博物館や病院の職員も所在を知らなかったという。1969（昭和44）年には、ジェノバの市立美術館 Palazzo Bianco に問い合わせ、同館にジェンナー像が非公開所蔵されていることを突きとめたが、実見できなかった。1981年、加藤四郎（大阪大学微生物病研究所第10代所長）は、WHOの協力を得、この像の撮影に成功し、その写真は恒三郎に渡された。恒三郎は「あの像を見るのに、二代かかったか。」と深く感慨をもらしたという（加藤、1982）。

杉田玄白らの訳した『解体新書』にも深い関心があった。同書は、日本における西洋解剖書の本格的翻訳書として知られる。恒三郎生涯最後の医学史論文は『解体新書』についてであった。内容は、「医学史の中の謎二題（続）―解体新書の扉絵アダムとエバ」（『適塾』第24号、1991）で『解体新書』扉絵の原図の考証など独自の視角から分析をおこなった。恒三郎の文化的教養が発揮されたものだった。ちなみに、これを大阪大学総合学術博物館で展示した2024（令和6）年は『解体新書』刊行250年にあたり、厳九郎生誕150年、微研創設90年という節目の年が重なった。

恒三郎が収集したものの中でも、特に恒三郎が愛蔵していたのが江戸時代の顕微鏡である。1940～1945（昭和15～20）年頃、展示即売会で魅了され大枚をはたいて購入したという。細菌学者である恒三郎にとって、顕微鏡は切っても切り離せないものだった。恒三郎いわく、「この顕微鏡こそ、まさにわが人生のシンボル」（藤野恒三郎、1993）。

種痘済証書
1906（明治39）年
大阪大学適塾記念センター蔵（藤野家旧蔵）

『解体新書』
与般亜単闕児武思（Johann Adam Kulmus）著／杉田玄白・中川淳庵・石川玄常・桂川甫周訳述
1774（安永3）年
大阪大学適塾記念センター蔵（藤野家旧蔵）

ジェンナー大理石像写真
1981（昭和56）年
加藤四郎撮影
大阪大学適塾記念センター蔵（藤野家旧蔵）
台紙に貼られて保管されていた。

解説 5 藤野恒三郎旧蔵顕微鏡

八耳 俊文
（日本科学史学会会員）

恒三郎愛蔵の顕微鏡

恒三郎が大阪大学を退職するにあたり出版した『学悦の人』の見返しには、表に新旧二つの顕微鏡が、裏には中学時代を過ごした武生（現越前市）の風景である日野山と日野川が描かれている。顕微鏡については、一つは恒三郎愛蔵の江戸時代の顕微鏡、一つは研究で使用していたと思われる新しい型の顕微鏡である。これらの装画は同窓の洋画家中村徳三郎によるものである。恒三郎は自分の始まりとなった風景と研究の象徴として顕微鏡を、長年の大阪大学での研究生活を終えるにあたり選んだのである。古い顕微鏡については「オランダ渡り顕微鏡に模して作ったと思われる鼈甲製顕微鏡を私がもっているのでそれを画題にしてもらいました」と説明している（藤野恒三郎、1970）。顕微鏡への思いの深さが伝わってくる。

この顕微鏡は、恒三郎が購入したものであるが、購入の経緯と時期については文献により異なっている。一つは『防菌防黴』第2巻第3号（1974年5月）に掲載された恒三郎の連載記事「顕微鏡ものがたり（3）」で、「1935年頃筆者が手に入れた顕微鏡」と述べられ、写真入りで掲載されている（この連載は『顕微鏡ものがたり』として出版され、中村徳三郎の顕微鏡の画は表紙に使われた〔藤野恒三郎、1979〕）。

出版とほぼ同時期の1978年11月4日、『朝日新聞・大阪版』に「愛蔵」と題する小記事が掲載され、恒三郎はこの顕微鏡について語っている（恒三郎の死後出版された『続学悦の人』〔藤野恒三郎、1993〕に再録）。この記事によれば購入時期は昭和15年頃、大阪阪急百貨店で「江戸時代の科学」と銘うった大規模な展示即売会があり、そこに出品された顕微鏡を給与の約4分の1に相当する額を支払って入手したという。非常に具体的であるが、昭和15年なら前記の

カルペパー型顕微鏡
大阪大学適塾記念センター蔵
（藤野家旧蔵）※カラー写真58頁

1935年頃とは5年の違いがある。また大阪阪急百貨店で「江戸時代の科学」と銘うった展示というが、この開催を阪急百貨店の社史『株式会社阪急百貨店25年史』（株式会社阪急百貨店社史編集委員会、1976）から確認することはできない。

また、国立科学博物館に勤務した小林義雄著『世界の顕微鏡の歴史』では、カルペパー型の顕微鏡の節に「藤野恒三郎氏　ベッ甲製四脚」と紹介され、「藤野氏によれば戦前に神田の古書店で入手したという」とも書かれている（小林、1980）。

以上のようで今となっては穿鑿できないが、恒三郎にとっては生涯の愛蔵の品であったことには違いない。

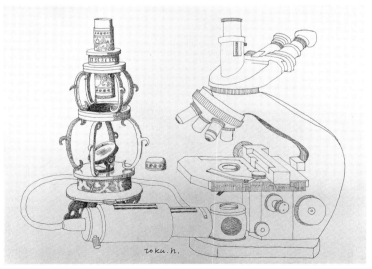

中村徳三郎による顕微鏡の画　大阪大学適塾記念センター蔵（藤野家旧蔵）

カルペパー型顕微鏡

　本顕微鏡はカルペパー型に分類され、1730年頃より18世紀を通じあるいはそれ以降も世界に愛用された型式をもつ顕微鏡である。顕微鏡は、1枚のレンズからなる単式顕微鏡と2枚のレンズを組み合わせた複式顕微鏡がある。複式顕微鏡では接眼レンズと対物レンズ、鏡筒、ステージ（載物台）、反射鏡、反射鏡を据える鏡基が基本構成要素で、カルペパー型は鏡基と鏡筒を支える脚（棒とも柱ともいう）が3本あることを特徴とする。顕微鏡を支えるこの脚は、支持棒とも支柱ともよばれる。この型を考案したのがイギリスの科学機器職人エドムンド・カルペパー（Edmund Culpeper, 1660～1738）で、名称は彼にちなんだものである。中間にあたるステージで上段と下段を分けると、それぞれに3本の脚を備えることから重三脚型ともいわれる（小林、1980）。

　3本の脚があることから顕微鏡は安定する。中には4本や2本のものもある。2本では太い丈夫な脚が必要となる。本顕微鏡は4本の脚で支える仕組みになっている。カルペパー型は単純で安価でできるということから世界中でさまざまなバリエーションが生まれた（Clay and Court, 1932）。特に工夫が施されたのは鏡筒（あるいはその外側の鞘筒）の外装と、脚の部分で、ここに工芸品として発展する余地が生まれた。

　本顕微鏡は、鏡筒以外は鼈甲製で、鏡筒の部分は木製に一閑張り、黒地に金箔の植物模様である。脚の外側には鈎状の突起がつく。材質と形状より日本の職人によるものである。田中新一はこの恒三郎の顕微鏡を「工芸品として作られている」と記述している（田中、1979）。小林義雄は国内に現存するカルペパー型顕微鏡として12点をあげ、そのうちこの顕微鏡に近いものとして新潟の広川家蔵（広川忍旧蔵）の顕微鏡をあげている（小林、1980）。製作年代の記録はないが、江戸末期の大隅源助の引札には「見微鏡」として類似の顕微鏡が掲載されており（大谷、2009）、江戸後期の作と推定される。

　明治になってもこうした日本の職人による装飾的な顕微鏡が販売され、来日西洋人の中には購入した人もいたと思われる。メイオールの『顕微鏡のカントール講義』（1886年）には「日本の顕微鏡」と題し、カルペパー型で蔓模様の脚（三脚で恒三郎の顕微鏡の四脚と異なる）をもつ顕微鏡を図入りで取りあげている。ステージに工夫が見られるが、顕微鏡全体の安定性に難があり、顕微鏡の本来の目的が理解されていないのではとの批評が付けられている（Mayall, 1886）。

中国と日本への顕微鏡の伝来

　それでは一体、日本にさらに中国にいつ顕微鏡が伝えられたのであろうか。「顕微鏡」との言葉は中国製である。この言葉が日本に伝わり、文献に現れる早い例として杉田玄白らの『解体新書』（1774年）がある。この凡例に、原本の図の微細が見にくい箇所は「顕微鏡」をもって臨み模写したとの文がある。この「顕微鏡」の3文字に「ヲホムシメカネ」とカナが振られている。つまり「大きい虫メガネ」である。このように拡大鏡も「顕微鏡」と書かれたため、顕微鏡の言葉があるからといって当時、われわれが想像する顕微鏡をさすとは限らない。また顕微鏡の中には一枚のレンズからなる単式顕微鏡もあった。レーウェンフック（1632～1723）は単式顕微鏡で大きな倍率を達成しており、倍率の高低で単式か複式かを区別することはできない。

　中国での「顕微鏡」の言葉の出現としては、『広東新語』（1700年序）巻2の澳門の条が知られている（白井、1913）。この他には、井上了が『池北偶談』（1701年序）をあげる。該当箇所は巻21の澳門の様子を伝える「香山嶴」の条にあり、そこに「顕微鏡」が現れる。記述は龔翔麟（1658～1733）の『珠江奉使記』を出典とする。『珠江奉使記』は1691年に成立と推定されることから、「遅くとも1691年にすでに用いられていた」と考えることができる（井上、2006）。

　ここで新たに長崎の日本二十六聖人記念館が所蔵する「在清宣教師の贈品目録」をあげておきたい（日本二十六聖人記念館、1987、2017）。この目録には16点の漢字による中国側への贈品名があり、「顕微鏡」もその一つに含まれている（図1、2）。贈呈者として、柏応理、南懐仁、魯日満、恩理格の4人のイエズス会士名が記されている。それぞれの原綴と生没年は、Philippe Couplet（1623～1693）、Ferdinand Verbiest（1623～1688）、François de Rougemont（1624～1676）、Christian Wolfgang Herdtrich（1625～1684）で、入華時期は1658年から1660年とほぼ同時期である。これら4人の宣教師による贈呈とするなら、1660年（入華年）より1676年（Rougemontの死亡年）までの資料となる。

　贈品名の漢字一字ずつにローマ字表記の中国語読みと意味がラテン語で記されている。16番目に「顕微鏡 壹餅」とあり、これら5文字の傍らに「（判読不能）」「manuti（手持ちの）」「speculi（鏡）」「unam（壱）」「bullam（ボタン）」とラテン語が添えられている（かっこ内は筆者訳）。冒頭の「顕」に対するラテン語であるが、資料の紙の破損と捩れより判読不能である。

わずかに読める途中の一部は、「an-」かもしれない。ここで顕微鏡を「壹餅」（つまり壱瓶）と数えていることに注目したい。あくまで推測だが、この顕微鏡は拡大鏡瓶（瓶状のもので上部にレンズが付いているもの）のようなものであったのかもしれない。またラテン語の説明から接眼部分のレンズを1ボタン（ボタン状のもの）と数えているのではと想像される。『広東新語』や『池北偶談』に記された「顕微鏡」の形態については分からない。

洋学史の研究者であるミヒェルによれば、1680年代に出島のオランダ商館には単式顕微鏡が持ち込まれており、1689年来日のケンペルも顕微鏡を持参していたという。しかし日本に広がるのは遅く、出島商館長日誌に顕微鏡を表す microscopium という言葉が現れるのは1740年代であったという。また献上品や贈呈品として顕微鏡が1740年代になり舶載されたが、献上される側はさほど興味を示さなかったという。その理由を望遠鏡やメガネなどに比べ有用性は明白でなくむしろ娯楽の玩具に近く、献上品となり難く、受ける日本の高位の者も関心を持たなかったようであると解釈している（ミヒェル、2003）。

科学機器か娯楽の道具か

日本に運ばれたものの献上品として使用されなかった顕微鏡は1750年に江戸で販売された（ミヒェル、2003）。これ以降、日本でも複式顕微鏡と分かる顕微鏡が現れ、製作されるようにもなった。1765年に出版された後藤梨春『紅毛談』中の「近年虫目がね」は「甚珍敷」（甚だ珍しき）とあり鏡下観察が続く。形状が珍しかったのか複式顕微鏡であった可能性もある。1781年に中井履軒によって著された日本最初の顕微鏡に関する文献「顕微鏡記」は服部永錫が製作した顕微鏡の説明と、実際に永錫の顕微鏡下でおこなった観察記録より成るが、そこで記述された顕微鏡は三脚のカルペパー型である。手本となる顕微鏡がありそれを永錫が工夫改良したものと説明され、カルペパー型顕微鏡が伝来していたことを示している。1781年に小林規右衛門が製作した複式顕微鏡は、現存最古の国産顕微鏡であり、カルペパー型を変型した木製股脚型と名付けられる日本独自のものである（小林、1980）。もうこの頃には日本の職人により顕微鏡がつくられていたことになる。

1787年に刊行された森島中良の『紅毛雑話』巻三の顕微鏡では、「近頃舶来『ミコラスコーピュム』といふ顕微鏡あり」とされ、カルペパー型の重二脚の顕微鏡が描かれた。この図より恒三郎旧蔵顕微鏡が同一系譜の顕微鏡であることが分かる。ミコラスコーピュムとは microscopium のことである。顕微鏡は「むしめがね」とルビが振られており、「むしめがね」の呼称はそのまま明治にいたるまで顕微鏡をも含んで使われた（杉本、2015）。

江戸時代の顕微鏡はカルペパー型だけではなかった。カルペパー型では対象物を載せる台が3本の脚で囲まれているため、標本の操作に不自由があった。またピントを合わせるための微妙な動きも難しかった。これを解消すべく鏡筒とステージを独立した柱で固定するカフ型顕微鏡が開発された。名称は開発者であるイギリスの科学機器職人ジョン・カフ（John Cuff, 1708頃～1772頃）にちなむ。カフは1750年に破産宣告を受けたものの、後継者による改良型は製作と使用が100年に長きにわたった。飯沼慾斎や伊藤圭介が所蔵した顕微鏡はカフ型であった（小林、1980）。また渡辺崋山によるシーボルト助手のビュルゲル対談図に描かれた顕微鏡もカフ型である（和田、1996）。

顕微鏡の江戸時代での出現や普及を見ると、西洋物に興味をもつ層による娯楽の道具から、次第に医者や博物学者が西洋の顕微鏡観察に刺激を受け、手元に所蔵し自ら観察する科学機器へ広がっていった様子が分かる。ただし科学機器としての利用は江戸時代では非常に限定的にとどまった。顕微鏡は今まで知らなかった微小世界へと人を誘った。新しい視覚世界は人の想像力をかき立て、科学より文学や芸術へ影響を及ぼした。この器具として日本の職人たちも顕微鏡づくりに挑戦し、その一つが本顕微鏡であったといえよう。

恒三郎は『藤野・日本細菌学史』で細菌学への発展の歴史として、肉眼的解剖学観察から顕微鏡による細胞学・組織学の時代へ、さらに細胞病理学そして細胞学へとの流れを示した。そして細菌学に対し、電子顕微鏡的細菌学にいたる前の光学顕微鏡的細菌学（可視光線顕微鏡による細菌学）の日本における進展を対象とした（藤野恒三郎、1984b）。歴史上において顕微鏡の果たした役割を知るにつれ顕微鏡への関心を後年になるほど強めていった。今回展示された所蔵の顕微鏡がその思いを支えていたに違いない。

謝辞

本解説作成にあたり日本二十六聖人記念館の宮田和夫氏から同館所蔵「在清宣教師の贈品目録」についてご教示をいただきました。記して心より謝意を申し上げます。

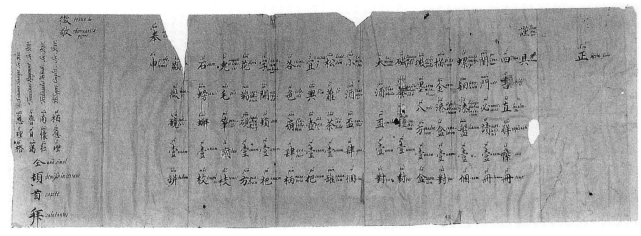

図1. 日本二十六聖人記念館蔵「在清宣教師の贈品目録」
　　（日本二十六聖人記念館 CATALOGUE より）

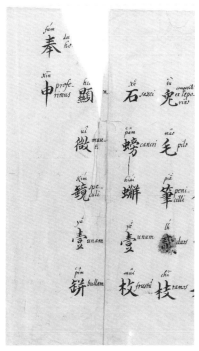

図2. 図1の部分拡大
　　（日本二十六聖人記念館提供）

4　教育者・恒三郎

　恒三郎は、熱心な教育者だった。自らの知識を後学に伝え、学問に対する構えを説き、腸炎ビブリオの感染症対策などの社会教育にも率先して行動した。

　学生指導にあたっては普段は好好爺ともいえる優しさがあったというが、いったん熱が入ると鬼の形相になったといい、大きな声で怒ることもしばしばあった（竹田、2017）。そのため敬遠される向きもあったようだ。

　不真面目あるいはいい加減な態度に対しては厳しく注意し、学生以外に対しても、例えば、駅の改札で切符確認を怠っている駅員に厳しく怒鳴ることもあったという（西宗廣子談）。

　そのような真面目で厳しい恒三郎だが、一方で、試験の際には、学生一人一人の答案に朱を入れて返すほど丁寧なものだった（竹田美文談）。朱書きが紙面いっぱいになる学生もいたそうだ（藤野恒三郎先生を偲ぶ会、1994）。厳九郎の魯迅への添削、またさらに遡っては洪庵の升八郎への指導を彷彿とさせる。恒三郎と親交のあった作家・司馬遼太郎も、恒三郎について、魯迅の描く「藤野先生」のイメージに驚くほど似ていると語っている。

　恒三郎は、弟子達と交流するのが好きだった。話し好きの恒三郎は、弟子や仲間に医学にまつわる物語をよく話した。医学以外にも、叔父・厳九郎のこと、魯迅のこと、文学や芸術のこと、さらには自らの戦争体験も語り、戦争の非人間性や平和の尊さを訴えた。弟子達と昼食をとったときなど、午後2時、3時と話が延長してなかなか実験にとりかかれないこともあった（竹田美文談）。

　また恒三郎は、医師だけでなく、細菌検査技師や看護師を、皆平等に尊重した。技師のために、毎週ボランティアで「ミクロン会」という勉強会を開いていた。細菌学や細菌検査学、古今東西の細菌学にまつわる物語などについてだったが、やはり話は多岐にわたった。

　細菌学における金字塔を打ち立てた恒三郎であったが、研究だけではなく、人を育てることに熱心だった。それは、学術のためであり、社会のことを考えてのことであった。

大阪大学退官記念講演
1970（昭和45）年2月21日
大阪大学適塾記念センター蔵（藤野家旧蔵）
恒三郎の大阪大学退官記念講演。「日本細菌学史―明治、大正篇―」と題しておこなわれた。聴講者の一人に司馬遼太郎がいた。

恒三郎の手紙

恒三郎と弟子の交流を示す、西宗義武・廣子夫妻および清水洋子に宛てて書いた手紙が残されている。恒三郎の手紙からは、相手を人として尊重する態度やこまやかな配慮が見られる。恒三郎は、わずかなことでも丁寧に礼状を書く律儀な性格だった。祖父の升八郎の性格とも通ずる。

西宗義武は、大阪大学微生物病研究所第17代所長を務め、藤野研に所属した。西宗廣子は、恒三郎のもとで技官をつとめ腸炎ビブリオの培養等に携わった。西宗夫妻はともに恒三郎の度量の大きさを語る。義武は、学生時代、他の教官らにある要望を提出して皆無視された中で、恒三郎ただ一人が耳を傾けてくれたといい、今にいたるまで感謝の念を持ち続けている。

清水洋子は、大阪大学附属病院中央臨床検査部細菌検査室勤務時、恒三郎が技師のために開いた勉強会(ミクロン会)に参加したことで、恒三郎との縁ができ交流が深かった。恒三郎は家族的なあたたかさをもって接してくれたという。「藤野先生のお気持ちが届く所で皆さんと仕事ができて有難いことでした。」と語る。

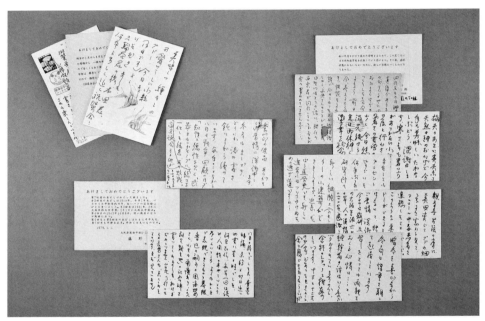

西宗義武・廣子宛藤野恒三郎書簡
個人蔵

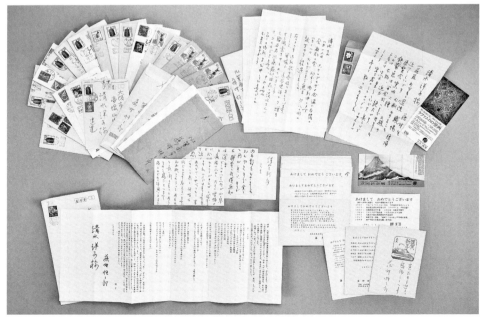

清水洋子宛藤野恒三郎書簡
個人蔵
丁寧な礼状には、展覧会等のチケットが同封されていることもあった。

恒三郎が伝えた戦争と平和

恒三郎の反戦思想、平和への願いは強かった。「私はどんな団体のものであれ、戦争反対の署名は必ずします」（藤野恒三郎先生を偲ぶ会、1994）。防疫給水部として、ビルマ（ミャンマー）に出征した仲間と執筆した記録集『あゝビルマ』には恒三郎の詩文が掲げられている。ビルマの美しい風景とともに、戦争の非人間性と平和への意志を強く表明したものである。恒三郎は敗戦15年目の1960（昭和35）年ビルマに一週間滞在し、もと住んだ兵舎や細菌研究室の外観の変わらぬ姿を見届けた。そのスライドを見ながら夜を徹して一気に綴ったという。

また、「知性と徳性を欠くものは亡ぶ」（『日本医事新報』No. 3354、1988）という短文を残している。自らの戦争体験から戦争に突き進んだ日本を厳しい筆致で批判している。「何が故に、我々はビルマに行かされたのか？」「何が故に、あれだけの人が命を国に捧げねばならなかったのか？」と問い、戦争科学知識の欠如と兵器・薬品・兵員の補給なしに突き進んだインパール作戦について「知性と徳性を欠く」という言葉で表現した。

この「知性と徳性を欠くものは亡ぶ」という構想は長年恒三郎の胸中で温められていたものと思われる。この文章が発表される前年、西宗義武・廣子に宛てた書簡（1987〔昭和62〕年7月29日）では、「毎年のことながら八月は、戦争回顧の月です。…知性と徳性を欠く、武器をもつグループに帝国議会その他が総てを一任した結果、あの敗戦。と言えるようになりました。」と書いていた。長年思うところがあったものの、口にできなかったのだろう。

ビルマでペスト患者の少年を診た経験は、腸炎ビブリオの発見に寄与するところもあったが、一方で恒三郎の人生に暗い影を落とした。終戦から何年経っても戦争の夢を見てうなされることがあったという（恒三郎息女・八木美知子が恒三郎妻・玲子から聞いた話）。たとえ後方の防疫給水部であろうと、大戦中最も無謀といわれるインパール作戦を間近で経験した恒三郎の脳裏から、この少年の投げかける目線は消えることがなかったであろう。恒三郎は奇しくも1992（平成4）年8月15日の終戦記念日に亡くなる。

科学者の戦争協力について、身をもって体験した恒三郎の言葉は、現代にも響くものではないだろうか。

あゝビルマ

あくまでも青くビルマの空はすんでいた
大きな綿のかたまりみたいな白い雲が浮いていた
マンダレーヒルの白いパゴダ群
マンダレー王城の古風な直線美
サガイン白パゴダの白い曲線美
タマリンドウの並木道
ユーカリの並木道
ビルマの風物はなつかしい
ビルマで知った人の心がなつかしい
ビルマでの戦友の心が 声が 顔がなつかしい
人間が作った地獄 あの恐しい戦争
あのような地獄を二度とくりかえしてはならない

この誓いと悲願をこめて
この本をのこす
生きているものができるだけ資料を出しあって 正確を期して

勇ましい激戦の描写も
天晴れな手柄話も見出せない
それだのに百十三名もの人が命を捧げた
御家族の方々
どんな気もちでその戦死を受けとめられたか
一人一人事情はちがっても
その頃を偲ぶとき
どのページかが役だてば幸い

生きている間に
ビルマの仲間で何かをしたい心と
ビルマをなつかしむ心とを
あわせてこの本はできた

二度と戦争をしてはならない

貝塚侊編『あゝビルマ 第二十六野戦防疫給水部記録』（美鴨会・光村推古書院、1972年）より転載

夏が来ると、毎年のことながらあの忌わしい戦争のことをひそかに独りで思い出す。それは、七夕の日から八月十五日へ。広島原爆の日、長崎原爆の日を経て八月十五日へ。

そして、昭和二十年八月二十三日未明、北極星と南十字星を確認した私は、

「これで、死線から逃れた」

と自分に言い聞かせた。私の人生は、ここから再出発できた。ささやかな人生、それでも私の唯一の所有品、恵み与えられた唯一のもの。ビルマ領のアバロン兵站病院でのマラリア恢復期患者、まだ熱がでる頭痛に苦しむ私は、タイ・ビルマ鉄道の貨車で二泊か三泊し、院の庭で軍医の指示を待っていた。その時、人生の再出発を意識した。

毎年、夏になると同じ疑問が浮かんで来る、涌いて来る。

何が故に、我々はビルマに行かされたのか？
何が故に、あれだけの人が命を国に捧げねばならなかったのか？

他人に、答えを教えてもらっても良いかも知れない。幾冊かの本をこの考えて読んでみた。他人の主観は他人のもの、自問自答が自然のことらしい。

知性と徳性を欠いた軍部に、白紙委任状を帝国議会が渡した。言論界も学界もそれに続いた、私もその列の中にいた。軍部の戦争科学知識が低級であっただけでなく、兵器、薬品、兵員の補給なしでインパール作戦を決行したのを、「知性と徳性を欠くもの」と言ったら……と思った。

徳性と言っても、孔子や孟子の弟子の如き高徳を期待するものではない。地位にふさわしい人間性を、軍部の人といえども持っているべき……と思った。

過去の歴史をみても、戦後の日本の社会をみても、「知性と徳性を欠くものは亡ぶ」の例をあげることは、誰でも可能であろう。

それにしても、「知性と徳性の兼備」は実に美しい人間性と言えよう。あの時、一億玉砕を叫んだ人がいたらしい。信念の人であったのであろう、気の毒な人と申すほかない。「終戦」の断を下した「知性と徳性を欠くものは亡ぶ」昭和二十年の、あの時点で、

藤野恒三郎「知性と徳性を欠くものは亡ぶ」
『日本医事新報』No. 3354（1988年）より転載

「藤野先生」

恒三郎は、大阪大学退官後、神戸学院大学薬学部創設に中心的教授として携わり、学生教育特に講義には力を入れたという。マンネリ化した講義はしたくないと準備に時間をかけ、厳しい態度で基礎をしっかりしてその上に新しい知識も教えたいという考えであった。大勢の若者と知り合って、その成長と活躍を自らの喜びとしていたようだ（藤野恒三郎、1993）。神戸学院大学元学長の濱堯夫は、恒三郎を「本学薬学部の教育の土台の確立者」と讃えている（藤野恒三郎先生を偲ぶ会、1994）。

恒三郎の教育の場は大学に限られず、社会に広く訴えるものであったことは、『腸炎ビブリオ読本』が示しているが、『朝日新聞』に寄稿した連載記事「医学者の言葉」（1977年3月12日〜7月30日）もその一つである。歴史に名を残した偉人の言葉を引用し、そこに学悦（学界の人の悦び）の心を見出す。この連載記事は、清水洋子がスクラップし、藤野研出身の医師・赤木正志が小冊子に仕立てた。この冊子を見た恒三郎は、「そんなにしてくれるんだったら、また書こうかな。」と言ったという（清水洋子談）。

晩年、恒三郎は、毎月血圧測定に大阪大学医学部附属病院に通っていたことがあった。そこで世話になった看護師をねぎらい、自宅近くの喫茶店に招待したときの写真が残っている。ささいなことでも律儀に礼をして人を大事にする恒三郎の性格が表れている。

恒三郎の弟子・竹田美文は、恒三郎を尊敬してやまない一人である。医学者としてのキャリアを振り返って書かれた竹田の自伝には、恩師・恒三郎との出会い、その功績や人間的魅力、教育者としての厳しさが一章を割いて描かれている（竹田、2017）。魯迅にとって「藤野先生」が偉大であったように、竹田にとって「私の藤野先生」は偉大であった。

神戸学院大学創立20周年記念祝賀会にて
1986（昭和61）年
個人蔵

藤野恒三郎執筆小冊子「医学者の言葉」
個人蔵

看護師らへのお礼会
1988（昭和63）年1月9日
個人蔵

竹田美文『下痢の細菌を追っかけて五〇年　それは腸炎ビブリオから始まった』（クバプロ、2017年）より転載

特別寄稿

私の藤野先生

竹田 美文
元国立感染症研究所所長

1957（昭和32）年4月、当時中之島の堂島川沿いにあった大阪大学微生物病研究所の講堂で、医学部4年生の細菌学の講義が始まった。その日、藤野恒三郎先生は、分厚い書物を何冊か小脇に抱えて講義室へ入って来られた。

そして、「皆さん、ローベルト・コッホのことを知っていますか。ルイ・パストゥールの伝記を読んだことがありますか」と、19世紀後半に近代細菌学の礎を築いた研究者の名前を挙げ、私たちに問いかけるように講義を始められた。

藤野先生の講義は毎回魅力溢れる内容だった。赤痢菌の講義の日、「このクラスには赤痢菌を発見した志賀潔先生のお孫さんがおられます」と志賀君に語りかけながら、志賀潔が1897（明治30）年に、当時の東京で大流行していた赤痢患者の下痢便から、どのようにして赤痢菌を分離したかを、物語を語るような面白さで講義をされた。

先生の講義に魅せられて、夏休みに郷里へ帰る予定を変更し、下宿の暑い部屋で細菌学の教科書を読んだ。そして、1961（昭和36）年4月、大学院医学研究科に入学し、藤野先生の弟子となった。

先生の指導は厳しかった。研究の指導はもちろん、「人」としての所業も厳しく指導された。普段は温厚な好々爺とも表現できる先生だったが、ひとたび「指導モード」に入ると、鬼の形相になった。とりわけ、一度注意・指導した所業を守れなかったときの怒りの声と表情は震え上がる怖さがあった。To err is human, to forgive divine（過ちは人の常、許すは神の心）という格言通り、最初の過ちには寛大であったが、二度同じ過った所業をしたときの怒りは、尋常ではなかった。普段から To err is human, but to err twice is no more human（過ちは人の常、過ちを二度繰り返すはもはや人に非ず）と、先生自作の格言を私たちに言い聞かせた。

しかしながら、先生の厳しい指導は、常に優しい心と共存していた。

そのことを象徴する出来事が大学院3年生のときにあった。

勤め始めてまだ日の浅い技師が、高温で加熱滅菌する乾熱滅菌器に、新聞紙に包んだガラス器具を入れて滅菌を始めた（本来はガラス器具を新聞紙で包む必要はない）。当然のこととして新聞紙が燃え始め、乾熱滅菌器の扉の隙間から煙が出始めた。熱源のガスを止めても煙はますます酷くなる。技師も私も、どうしたら良いか、立ち尽くした。

先生は普段から、実験室での火の扱いには、うるさいほどに注意を繰り返していた。

乾熱滅菌器の中の新聞紙が燃え尽きるには、時間がかかる。先生のいつもの出勤時間まで、わずかの時間しか残っていない。意を決して、扉を開けて消火を試みることとした。二人がバケツの水をかけるのと、先生の「何をするか！」との大声が同時だった。

その日は、先生の怒りが理不尽であると思う怒りの整理ができず、実験が手につかなかった。たまたま誰もいなかった実験室で、ぼんやりと椅子に座って時を過ごした。

午後、廊下に先生の靴音がした。「まだ叱り足りないのか」と、先生が実験室に入ってこられるのを待った。

ドアを開け、入り口近くの机の上に何かを置きながら「新国劇の切符を2枚置いておきますので、観にいきなさい」とだけ言って、出て行かれた。「どうして2枚なのだ。彼女がいないのは知っているだろう」と、私の怒りは方向違いへ向いた。

たまたまその頃、先生の叔父・仙台医学専門学校解剖学教授の藤野厳九郎を描いた魯迅の短編小説『藤野先生』をもとにした『新国劇・藤野先生』が上演されていた。どこの劇場だったのか、誰と観に行ったのか、覚えていない。

先生が腸炎ビブリオを発見したのは、1950（昭和25）年10月である。当時のことを先生が回想した文章が残っている。

「10月21日（土）、微生物病研究所講堂（当時は大

阪市内の堂島川沿いにあった）において日本癩学会総会が開かれていた。午後の陽射しが暑くて上着を脱いでいた幾人かの白いワイシャツ姿が今でも思い出される。

午後4時頃この学会場を出た私は顔見知りの新聞記者から、大阪市と岸和田市・泉佐野市方面で大食中毒事件があって、死人が出ていることと、原因はシラスをつくるときに食塩と亜硝酸ソーダをまちがえたためであるらしいことを聞いた。

この日の夕刊と翌日の朝刊を読んで大事件であることは分かったが、阪大医学部法医学の教授大村得三が死因調査のための解剖を担当しているので、有機化合物の検出は簡単にできるものと思っていた。」（藤野恒三郎、1963）

シラス中毒事件と呼ばれたこの事件は、現在の食中毒事件とは全く異なり、刑事事件として取り上げられた。すなわち、大阪地方検察庁はシラスを製造した業者の業務上過失傷害致死事件として捜査を始めた。また、大阪府はシラス中毒調査対策本部を設け、大阪府衛生部、大阪市衛生局、大阪大学医学部法医学教室、大阪大学微生物病研究所、大阪市立大学医学部細菌学教室、大阪府立衛生研究所、大阪市立衛生研究所など、オール大阪府の体制で対策にあたった。

このような取り上げ方になったのは、当時の社会情勢による。

わが国が第二次世界大戦に負けたのは、1945（昭和20）年8月15日。それ以来、1952年4月28日にサンフランシスコ講和条約が発効するまでの約6年半、わが国は連合国最高司令部（GHQ）のダグラス・マッカーサー最高司令長官の指揮下にあって、独立国家として認められていなかった。

経済は疲弊し、人心は荒廃し、社会は騒然としていた。国鉄三大事件（下山事件、三鷹事件、松川事件）と呼ばれた社会擾乱事件が起こったのは、1949（昭和24）年である。下山事件は、7月5日、国鉄初代総裁に就任直後の下山定則が、東京日本橋の三越百貨店に入ったまま行方不明となり、翌日未明、常磐線北千住駅・綾瀬駅間の線路上で轢死体で発見された事件である。東京大学法医学教授古畑種基は死後轢断、すなわち他殺の可能性を、慶應義塾大学法医学教授中館久平は生後轢断、すなわち自殺の可能性を主張し、迷宮入りした。三鷹事件は、10日後の7月15日午後9時23分、中央線三鷹駅構内で7両編成の電車が車庫から無人で暴走し、6人が死亡し、20人が重軽症を負った事件で、国鉄労働組合員10人が逮捕され、1人が有罪となった。また松川事件は、翌8月17日未明、東北本線の松川・金谷川間（福島県）で走行中の列車が脱線・転覆し、機関士ら3人が死亡した事件で、原因は線路の継ぎ目のナットやボルトが緩められ、枕木を固定する犬釘が多数抜かれていたことによる。近くの東芝松川工場の労働組合員ら20名が逮捕され有罪となったが、14年後の1963（昭和38）年、最高裁で無罪が言い渡された。この事件では、志賀直哉、吉川英治、川端康成、広津和郎らの文人達が、公平な裁判を要請し、世論が有罪か無罪かで沸騰した。

さらに、1950（昭和25）年6月25日には朝鮮戦争が勃発し、米国兵士たちが被占領国のわが国の基地から朝鮮半島に渡った。

シラス中毒事件は、このような社会情勢下で起こった事件であった。

藤野先生の回想は続く。

「食中毒にかかった人数は272人、その中の20人が死んだ。敗戦後の社会不安が残っていた時代ではあったが、一つの事件で20人の死人が出たのであるから、当地では重大な社会問題として取り扱われたのは当然のことである。

23日午前までに、原因食品シラスと解剖された8屍体からの毒性化合物の検査は陰性であったので、細菌検査に最後の期待がかけられていた。

23日午前、法医学教室から検査材料が持ち込まれ、細菌検査の依頼があった。」（藤野恒三郎、1963）

先生は早速に検査を始めた。屍体小腸内容物を培養した培地上に細菌集落が生じたのは翌24日の朝だった。

「白濁した集落のグラム陰性桿菌の塗抹標本を観察したところ、大多数は大腸菌に似た細長い桿菌であるが、その中に少数の両端やや丸みをもって幅の広いグラム陰性桿菌が混じっているのに気付いた。」（藤野恒三郎、1963）

2種類の細菌が混在していることに気づいた先生は、この2種類を別々に純培養菌として分離するために、マウスの腹腔継体培養を試みた。

「白濁した集落の菌液を作ってマウス腹腔に注射したところ、早いものは数時間にして動かなくなり、8時間目に死んだ。死んだマウスの膿性腹水のマウス腹腔内継代培養を行ったところ、第3代目では早いものは2〜3時間目に死んだ。その腹水を家兎血液寒天平板上に塗抹培養したところ、血液寒天平板上に2種の異なった集落が現れた。一つは非溶血性、他は溶血性。

かくして、10月26日、2種の純培養株の最初のものをとることができた。」（藤野恒三郎、1963）

マウスの腹腔内継体培養を試みた24日は徹夜、そして25日に血液寒天培地で一晩培養し、2種類の細菌を純培養状態で分離したのが26日ということになる。法医学教室から検査材料を受け取った10月23日午前から丸3日、最短日数での分離成功である。

2種類の細菌のうち、1種類は既知の食中毒原因菌である *Proteus morganii* であることが分かったが、他の1種類については、既知の病原細菌に該当する細菌がなかった。新種の細菌らしいと見当をつけた先生は、関連した文献を慎重に吟味し、ウシの肺炎の原因菌である *Pasteurella haemolytica* に似た新種細菌であると結論し、*Pasteurella parahaemolytica* と命名、発表した。（藤野恒三郎ら、1951）

しかしながら、学会の反応は、先生の新種病原細菌の発見に冷ややかだった。当時の学会では、「病原細菌は19世紀後半のコッホを頂点とする時代に、すべて発見されてしまった」という考えが支配的だった。主な病原細菌が発見された年次と発見者の例を挙げると、結核菌（1882年・コッホ）、コレラ菌（1884年・コッホ）、チフス菌（1884年・ガフキー）、ジフテリア菌（1884年・レフレル、クレーブス）、サルモネラ（1888年・ゲルトネル）、ウエルシュ菌（1892年・ウエルチ）、ペスト菌（1894年・北里柴三郎）、赤痢菌（1897年・志賀潔）などである。四半世紀以上が経った1950年に、新しい病原細菌が発見されることは有り得ないと考えられた。

ところが、1956（昭和31）年、国立横浜病院でキュウリの浅漬けが原因の食中毒事件が起こり、滝川巌が、原因菌として先生が報告した新種菌と同じ細菌を分離し、しかもその菌が食塩の存在下で増殖する好塩菌であることを報告した。（滝川巌、1956）

さらに1960（昭和35）年、静岡、神奈川、東京、千葉一円でアジが原因の食中毒事件が頻発した。

事態を重く受け止めた厚生省（現・厚生労働省）は、1961（昭和36）年、先生が発見した新種細菌を「病原性好塩菌」と仮称し、「病原性好塩菌特別部会」を設置するとともに、「病原性好塩菌中毒措置要領」と「病原性好塩菌中毒検査要領」を発表した。

その結果、「病原性好塩菌」による食中毒が次々と報告され、1963（昭和38）年と1964年の食中毒事件数は、500件を越え、患者数は13,000〜14,000人に達した。

菌の生態学的研究も急速に進展し、「病原性好塩菌」は沿岸海水中や近海魚から分離される海水細菌であることや、海水温度が20℃を越えると、表面海水中で急速に増殖することが明らかになった。

また、国立予防衛生研究所（現・国立感染症研究所）の坂崎利一・福見秀雄は、全国各地で分離された1,702株の「病原性好塩菌」について、分類学的解析を精力的に進め、「病原性好塩菌」は Pasteurella 属ではなく Vibrio 属の菌であることを突きとめた。（Sakazaki, et al, 1963）

1963（昭和38）年4月の第36回日本細菌学会総会は藤野恒三郎総会長の下、大阪で開かれた。総会のシンポジュウムで坂崎が、「病原性好塩菌」の学名を *Pasteurella parahaemokyticha* を廃して *Vibrio parahaemolyticus* とすることを提案すると予告されていた。司会席の先生がどのような発言をするのか、私たちだけでなく、会場の多くの参加者が固唾を飲んで見守っていた。坂崎の発表が終わると、参加者からの質問を受ける前に先生は「誠にお見事なご発表に感銘しました。10数年前に名前をつけて世に送り出したわが子が、自分の名前を忘れてしまっていましたが、ようやく人様に呼んでいただける名前をつけていただき、ホッとしているに違いありません。会場の皆さんもご異存はありませんね」と語りかけた。先生の発言にはいささかの皮肉が混じってはいたものの、会場から異を唱える意見は出なかった。

和名が決まったのは、その年の6月、大阪大学微生物病研所の講堂での文部省科学研究費総合研究「いわゆる病原性好塩菌に関する研究」（班長・藤野恒三郎）の班会議の席上だった。先生が「この席で和名を決めていただきたい」と発言すると福見秀雄が「腸炎ビブリオではどうか」と提案し、大きい拍手で承認された。

それからさらに10年近くたった1974（昭和49）年、細菌分類学の聖書ともいうべき *Bergey's Manual of Determinative Bacteriology* が、その第8版（Buchanan・Gibbons, 1974）に、腸炎ビブリオを *Vibrio parahaemolyticus* (Fujino, Okuno, Nakada, Aoyama, Fukai, Mukai and Ueho 1951), Sakazaki, Iwanami and Fukumi (1963) と登載した。発見者は藤野ら、Vibrio 属へ移す提案をしたのは坂崎らと公認されたことになる。

1965（昭和40）年1月、藤野先生は「腸炎ビブリオ発見」の功績で、滝川巌・坂崎利一・福見秀雄と共に、朝日賞を受賞した。当時有楽町にあった朝日新聞

東京本社の講堂での授賞式に先輩の三輪谷俊夫先生、近藤雅臣先生達と一緒に出席した。大佛次郎、棟方志功、早石修らも受賞者であった。また東京オリンピック開催を控えて、国立代々木競技場を設計した丹下健三と新幹線を開発・実用化した国鉄の技術者達も受賞者に名を連ねていた。

　藤野先生の弟子達の会、七種会（ななくさかい）が、先生の朝日賞受賞をお祝いする会を催したとき、先生は弟子達一人一人に長文の礼状を送った。1965（昭和40）年3月10日の日付が入ったその手紙の中で、先生は、「何ごとによらず、人から与えられる評価は高低さまざまであります。高い評価も、軽い評価も、甘んじて受けねばならないのが人の社会の常でございます。（中略）誰もが最高の評価を与えられるものとは思いません。かねて申していますように、この数年来日本の学会が、わが独創性を認める方向に進んでいるのを見たり聞いたりして、独り悦に入り、満足していた私は、皆さんといっしょになって、それを話題に出来るようになったのは、全く朝日新聞社のおかげであります。」と書いている。

　この手紙には、発見から15年経って、ようやく認められたことへの喜びとともに、信じることが長年認められなかったことへのやるせない気持ちが込められている。また、「高い評価も、低い評価も、甘んじて受けねばならない」の一文は、先生が常々私どもに教えていた「研究者はいかにあるべきか」の思いの一端である。

　1967（昭和42）年、先生は、腸炎ビブリオの研究者が一同に会して研究成果を発表する研究会「腸炎ビブリオシンポジュウム」を創設した。この研究会は、「ビブリオシンポジュウム」と名称を変えて、今年で56回目となる。また、1973年には、東京にアメリカ、ドイツ、イギリス、オーストラリア、インド、ベトナムなどの研究者を招待して「国際腸炎ビブリオシンポジュウム」を東京で開催した。

　いっぽう先生は「腸炎ビブリオの学問がいくら進歩しても、腸炎ビブリオ食中毒をゼロにしなければ困る。この中毒を絶滅することこそ学者の使命である」との信念から、腸炎ビブリオ食中毒絶滅のための啓発運動にも力を注いだ。現場視察の記録や新聞への寄稿文が数多く残っている。1968（昭和43）年に出版した『腸炎ビブリオ読本』（藤野恒三郎、1968）には、腸炎ビブリオ食中毒予防のための、以下のような「さかな3ヶ条」が提案されている。

1．「生のさかな」は、1尾のこらず、10度以下の状態におくこと。
2．「さかなやさん」の店には必ず、電気冷蔵設備をし、「さかな」の陳列には完全にカバーをかけて、陳列箱の中をつねに10度以上にならないようにすること。
3．（行商の場合）さかなを運ぶ箱として、特別に考案された容器を用いること。この容器を使う時、「さかな」50キロに対して、氷10キロを入れること。

　腸炎ビブリオ食中毒は、2000（平成12）年になるまでは、年間の事件数100〜700件、患者数5,000〜20,000人と、絶滅とは程遠い状態であった。（図1）
　ところが、2001（平成13）年に厚生労働省が食品衛生法を改正したことが功を奏して減り始め、2019（平成31／令和元）年以降は、年間の事件数0〜1件、患者数0〜8人と絶滅状態となった。
　食品衛生法改正の要点は以下の通りである。
1．保存基準：生食用鮮魚介類などの流通・販売の際には、10℃以下で保存すること。
2．加工基準：生食用鮮魚介類などの加工の際には、殺菌した海水または飲用適の水を使うこと。
3．成分規格：生食用鮮魚介類などでは、腸炎ビブリオが1グラムあたり100以下であること。

　先生が1968（昭和43）年に提案した「さかな3ヶ条」を彷彿させる。

　藤野先生は、司馬遼太郎の歴史小説『花神』（司馬遼太郎、1972）の冒頭に登場する。『花神（一）』から引用する。

　　唐突だが、日本人はナマの魚肉を食う。ときに食中毒をおこす。新聞などで「腸炎ビブリオによる食中毒」といったような記事が出るが、このひとはこの病原菌をみつけだした。ここ三十年来、名前がついた病原菌をみつけだしたという例は、きわめてめずらしいことに属するらしい。
　　魯迅（ろじん）に、
　　『藤野先生』
　　という題名の作品がある。魯迅は日露戦争の年に仙台医学専門学校に入学したが、そのとき解剖学をおしえられた藤野厳九郎という越前（福井県）大野出身のひとが、この作品のモデルになっている。恒三郎氏は、その「藤野先生」のおいである。風貌や

性格が、どこか似ている。
（中略）
　その後ついでがあったから、筆者は当時堂島西町にあった阪大微生物病研究所に立ちよった。
（中略）
　そのとき藤野教授は、
「大村益次郎とシーボルトの娘との関係はあれは恋でしたろうね」
と、謹直な顔でいわれるのである。
　だしぬけだったので、私はしばらく藤野教授の貌を見ていた。教授は越前人に多いやせがたの面長で、ちょっと古君子のにおいがある。
「私は、恋だったとおもいます」
と、藤野教授は、自問自答された。
「そうでしょうか」
　私は、そういう課題を考えたこともなかったので、不得要領にこたえざるをえない。

　朝日新聞社が2008（平成20）年に出版した週刊朝日MOOK『週刊司馬遼太郎Ⅲ』に『花神』の中の大村益次郎の恋についての記載がある。
「相手は日本に医学をはじめとする近代医学を伝えたドイツ人、シーボルトの娘、いね（イネ）だった。そのロマンスの真偽はともかく、司馬さんにその設定を思いつかせた人がいる。キーパーソンについて、以前に夫人の福田みどりさんが話していた。『やっぱり、藤野先生の存在が大きかったと思うな。』」
　司馬遼太郎さんが、先生を訪ねてきた日のことを、私はよく憶えている。研究室の先輩、神木照雄先生の奥さんが、福田みどりさんと女学校の同級生であった縁で、神木先生が司馬さんを先生の教授室へご案内した。
　朝日新聞の夕刊に『花神』の連載が始まったのが、1969（昭和44）年10月1日なので、それ以前、おそらく神木先生が藤野研究室に在籍されていた1965年の夏より前だったと思われる。
「いま、先生の教授室に、あの有名な司馬遼太郎さんが来ている」ということに、居合わせた教室員が「何の話をしているのだろう」と、そわそわしていたことだった。
　週刊朝日MOOKの記者が、『花神』と「藤野先生」のことを書くとき、私も取材を受けた。私は、司馬さんが藤野教授室を訪れた日のことを語った。「先生は、普段は恋とか愛とかの話をするような先生ではないのですよ。それが大村益次郎とイネさんの話はよくされましたね」とも語った。そして記者は週刊朝日MOOKの記事に、先生のことを「ダンディーでロマンチストだった」と書いた。福田みどりさんがそう言われたのだろうか、私ども弟子たちには、あまり見せたことのない先生の一面である。

　藤野先生の助教授を努めた三輪谷俊夫先生（大阪大学名誉教授）が、兵庫県川西市、多田神社のさらに奥まったところに持っていた山では、松茸が豊富に採れた。
　秋、毎年のように、藤野先生、山村雄一先生（元大阪大学総長）、司馬遼太郎さんと福田みどりさん、司馬さんが週刊朝日に連載した「街道を行く」の挿絵を描いた須田剋太さんらが、山に登り、松茸狩をした。山の麓の渓谷を流れる小川の淵で、採れた松茸をすき焼きにして食べ、ビールを飲んだ（55頁）。
　私は最寄りの阪急・川西能勢口駅から松茸山までのドライバーを努めたので、ビールを飲むことができなかった。しらふで司馬さん、山村先生、藤野先生の盛り上がる話を聞くのは、まさに贅沢な至福の時間だった。

　1991（平成3）年の秋、次男誠が婚約し翌年5月松本で結婚式を挙げることが決まった。先生に主賓として出席していただきたいとお願いしたら「かねてから善光寺へお詣りしたいと思っていたので、来年の5月の連休は誠君の結婚式と善光寺詣りの旅行をしましょう」と快く引き受けていただいた。
　誠は1967（昭和42）年、私ども夫婦が長男潔を連れてアメリカから帰国して間もなく大阪で生まれた。そのとき先生に「次男が生まれたので先生に名前を付けていただきたい」とお願いした。「高潔の"潔"に対して、誠実の"誠"にしましょう」と名前をいただいた。
　年が明けた1992（平成4）年、まだ正月気分の抜け切らない頃、先生から「誠君の結婚式には出席出来なくなりました」とお電話をいただいた。「ご都合が悪いのでしょうか…」と問う私に「胃の具合が悪く、入院します」というお返事が返ってきた。
　入院の日、病院に見舞った。その日私は、最終の新幹線で東京へ帰る予定であったので、ご家族が帰られた後も病室に残った。しばらく経ったとき先生が、「竹田君、よく聞いてください」と静かに語り始めた。そして「君も知っているように、玲子さん（筆者注、先生は奥様のことをご自宅でも、私どもにも「玲子さん」と言っていた）が病弱なので、お葬式は簡単にしてください」とご自分のお葬式の段取りを詳しく話された。短く「はい」と答えるのが精一杯だった。話し終え

後、長く沈黙が続いた。病室を出るとき、「新幹線は間に合いますか」と気遣われた。「はい」と答えた。時計の針はすでに午後10時をまわっていた。

そして1992（平成4）年8月15日、85年7ヶ月の生涯を閉じられた。

ご遺骨は京都東山の大谷本廟に納められた。

翌1993（平成5）年の梅雨時、私は上海の魯迅公園にある魯迅記念館を訪ねた。魯迅の書斎を模した展示室に、藤野厳九郎教授が、日本を去る魯迅に贈ったご自身の写真が展示されていた。写真には、「惜別」と、厳九郎教授の魯迅への想いが書き込まれていた。

私は、「惜別」の文字をじっと見つめ、「私の藤野先生」との別れを偲んだ。

アメリカ微生物学会の機関誌 ASM News に先生の追悼記事を送った。先生の遺影とともに、先生の業績を称える追悼記事が1993（平成5年）5月発行の ASM News に掲載された。

2007（平成19）年5月、カナダのトロントで開催された第107回アメリカ微生物学会総会で、メリーランド大学教授のリタ・コルエル博士がシンポジュウム「腸炎ビブリオ」を企画し司会を務めた。

コルエル博士は、外国人として初めて腸炎ビブリオを研究テーマとした研究者である。1967（昭和42）年5月のニューヨークで開かれた第67回アメリカ微生物学会総会でのコルエル博士の腸炎ビブリオ研究成果の発表は、国外での腸炎ビブリオに関する研究発表の最初だった。当時アメリカへ留学していた私は、コルエル博士の発表を聞き、発見から17年の年月がかかったが、これを機に腸炎ビブリオの研究が世界に広がるに違いないと、強い衝動を覚えた。

演壇を降りたコルエル博士に、「私は藤野博士の弟子です」と自己紹介をした。彼女は私に「私は腸炎ビブリオの研究を今後も続けますが、あなたは腸炎ビブリオの研究をする責任と義務があります」と強い口調で語った。

トロントでのシンポジュウムで、私は招かれて、"From Fujino to Today" と題した講演をした。1961（昭和36）年4月に先生に弟子入りしてから50年あまり、私が研究者としての道をまっすぐに歩むことができたのは先生のご薫陶を受けたおかげであるという感謝の想いと、先生への追悼の念を込めた講演だった。

「すばらしかった」と語りかけてくれたコルエル博士と、固い握手をした。

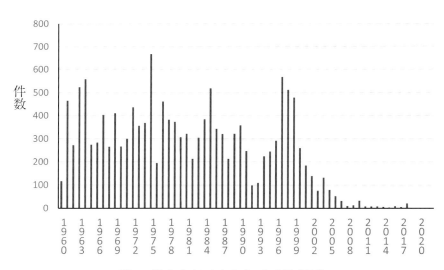

図1．腸炎ビブリオ食中毒の年次別事件数

5 大阪大学における適塾顕彰活動の パイオニア・恒三郎

　恒三郎は、升八郎の孫ということもあり、早くから緒方洪庵や適塾に関心を持っていた。幼少の頃、祖母（升八郎の妻）から、かつて升八郎が洪庵のもとで蘭学を勉強したこと、洪庵の著書をもらったことなど、繰り返し聞かされていたという（藤野恒三郎、1970）。恒三郎は大阪大学のメンバーの中でも特に適塾に対する思い入れが強かったとみえる。

　大阪大学は、洪庵らの創設した大坂除痘館および、1868（明治元）年、適塾門下生らを中心に創設された大阪府仮病院の流れを汲んでいるが、大阪大学と適塾との直接的関わりは、1942（昭和17）年、適塾の土地・建物が緒方家より国に寄附され、大阪帝国大学の所管となったことに端を発する。戦後、恒三郎は、適塾について有志相集まって話し合い、気楽に教えたり、教わったりする会、適塾同好会を作りたいという素朴な思いを持っていた。このことについて文学部の藤直幹（歴史学者）の賛同を得て、医学部の安田龍夫に相談、総長の今村荒男に話をもちかけたと自ら回顧する（藤野恒三郎、1982）。

　恒三郎の申し出を受け、今村は熟慮したとみえ、学内にとどまらず大阪財界をも巻き込んで、1952（昭和27）年に緒方洪庵および適塾関係者の業績を顕彰するための組織「適塾記念会」が創設された。恒三郎は理事として加わった。発会の席上で、恒三郎は「越前の適塾門下生について」と題する報告をした。藤野家に伝わる資料をもとに、橋本左内、笠原良策、伊藤慎蔵など故郷・福井の偉人について紹介するというものだった。

　適塾記念会は、以後、会誌『適塾』の刊行、適塾記念講演会の実施、適塾門下生の業績の全国的調査など、適塾研究・顕彰活動を進め、恒三郎はその強力な推進者だったという（梅溪・芝、2002）。適塾のことなら何でも自分の使命であるという気概を持っていたようだ（芝、1992）。

適塾記念会発足式写真
1952（昭和27）年11月5日　適塾にて
大阪大学適塾記念センター蔵
向かって右奥が恒三郎、手前右から二人目が恒三郎兄・恒宅（保太郎）。

恒三郎と適塾記念会の活動

　適塾記念会創立の後の講演会では、恒三郎の「越前の適塾門下生について」という講演のほか、緒方富雄の「緒方洪庵の息子の教育について」と題した講演も催された。1955（昭和30）年以降、毎年適塾記念会講演会として開催されるようになる。

　また翌年には『適塾』誌が発刊された。発刊の辞では「洪庵先生の業績をしのぶと共に大阪大学の学外活動、社会奉仕の一環としてますます文化の普及に努力したい」「大阪の市民の大学であるべきである」という理念が示され、掲載内容には前年から始まった適塾記念会講演会の記録が盛り込まれた。以後、適塾顕彰活動のさまざまな記録が掲載されることになる。

　記念会活動の一つとして適塾門下生調査も本格的に始められた。そもそも適塾門下生調査について先鞭をつけたのは、恒三郎だった。創立の講演も越前の適塾門下生についてであったし、『適塾』第2号（1956年）では、「適塾に学んだ人々（加賀の部）」という門下生紹介をおこなっている。

　1960（昭和35）年には、「緒方洪庵先生生誕150年記念事業」の一つとして本格的な門下生調査がおこなわれるようになった。日本の近代化過程の解明に寄与し、学問・教育のあるべき姿に対して深い示唆を得るという考えのもと、全国的な調査が企画された。調査成果は、藤野恒三郎・梅溪昇編として『適塾特集号　適塾門下生調査資料第一集　昭和四十三年』（適塾記念会、1968）、『適塾門下生調査資料第Ⅱ集　昭和四十八年』（大阪大学、1973）として発刊され（※前者については1963年に発刊されるも編集不備で廃刊）、その後も全国から寄せられた門下生情報が適塾誌上で紹介された。

　1981（昭和56）年からは、芝哲夫（大阪大学名誉教授、化学者）の門下生調査が同誌に掲載され、以後2009（平成14）年まで29回にわたってその精力的な調査記録が紹介されることになる。この調査記録は今では門下生調査において参照すべき基礎資料である。芝はかつて恒三郎から言われた「あなたは舎密局（せいみきょく）のことを一生かかって調べなさい」との言葉がその後の半生の歩み方を決める契機となったといい（芝、1992）、恒三郎から「適塾のことはいくらやってもやり過ぎるということはない」と激励も受けたという（同書）。

　1980（昭和55）年には、図録『緒方洪庵と適塾』が恒三郎の監修で発刊される。大阪における蘭学の系譜から洪庵の功績、種痘の広がりや、都道府県別塾生名簿と全国分布図、代表的な適塾門下生の活躍についてもまとめられたものである。2019（平成24）年には新知見を盛り込んだ新版図録が刊行されるが、旧版にはそこにはない魅力があり、未だ色褪せていない。

　また、恒三郎は「「洪庵全集」の出版は、とりもなおさず私の夢である。」と語り、書簡編については緒方富雄に編集・刊行を依頼し、事業が進められた（藤野恒三郎、1984a）。事業は、富雄・恒三郎の死後、梅溪昇（大阪大学名誉教授、歴史学者）に引き継がれ、『緒方洪庵のてがみ』全5巻（菜根出版）として、1996年に完結をみる。

　このように恒三郎の発案によって始められた活動は、さまざまに実を結んでいくこととなるが、途中、活動が停滞することがあった（講演会は1964〜1971、適塾誌は1960〜1973年中断することになる）。しかし、恒三郎はじめ教官有志が洪庵の命日（6月10日）前後に適塾の奥座敷に集まって「適塾の会」「適塾談話会」「適塾の夕べ」と称する懇親会を開催した。毎回二人

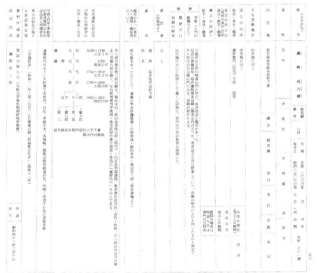

『適塾』第1号（適塾記念会、1956年）

『適塾特集号　適塾門下生調査資料第一集　昭和四十三年』（適塾記念会、1968年）より「藤野升八郎」の項。
藤野升八郎の調査は恒三郎が担当した。

ずつが話題提供し、花外楼の幕の内とビールで夕食をともにする会だったという。恒三郎はまた、当時問題となっていた適塾老朽化対策についても大学当局にその必要性を訴える筆頭となった（以上、梅溪・芝、2002）。このようにして、恒三郎らは顕彰活動の命脈を保ったのである。

活動にともない、学内で適塾が意識されるようになったとみえ、周年誌等に適塾を大阪大学の源流とする記述が徐々に現れ始める（菅、2013）。

適塾顕彰活動と司馬遼太郎

適塾顕彰活動を通じて恒三郎は作家・司馬遼太郎と公私にわたるつきあいが始まる。司馬は、記念会活動にも大きな役割を果たした。

司馬遼太郎（1923〜1996）は、戦後を代表する作家として、サラリーマン層を中心に企業人や文化人など幅広い読者を獲得した。司馬の作品はNHK大河ドラマ化の数でも他の追随を許さず、1970年代の書籍文庫化の流れも相俟って、広く受容された（福間、2022）。『竜馬がゆく』や『坂の上の雲』など、今なお多くの作品が読み継がれている。小説の随処に余談が挟み込まれ、独自の歴史解釈や歴史背景の説明がなされることも魅力の一つとされた。戦時中の従軍で非合理的な組織のあり方や組織人に辟易した司馬は、暗い昭和時代に対置させて明るい明治時代を描き、その歴史観は司馬史観と呼ばれている。

司馬の作品に、適塾門下生・大村益次郎をテーマとした『花神』という小説がある。この作品の冒頭には恒三郎が登場する。司馬は所郁太郎という適塾門下生（大野藩洋学館にも入学【解説3】）を調べるため、大阪大学で適塾門下生名簿の作成を進めていた恒三郎を訪ねた。

そのとき恒三郎は、司馬に謹直な顔で、大村益次郎とシーボルトの娘とは親密な関係にあったのではないかと情熱的に語ったという（司馬・山村、1983）。これは司馬には思いもよらない考えだった。司馬は、これをきっかけに益次郎について考えてみようと思ったと『花神』の冒頭で執筆動機を書いている。1969（昭和44）年から『花神』の連載が始まると、洪庵や適塾が広く世に知られるようになった。ちなみに、大村益次郎と恒三郎の祖父・升八郎は同時期に入門し、適塾で学んでいた。

記念会の活動が停滞していた頃、活動活性化の切り札として司馬に白羽の矢が立った。恒三郎が司馬に打診したことで、1973（昭和48）年適塾記念会は司馬を理事に迎え、司馬の記念講演会も開催し成功裏に終えることができた。記念会も復興の兆しをみせ、適塾の維持管理・顕彰活動も継続ができた。

二人は公私にわたる交流があり、藤野家には司馬からの手紙や写真が残された（55頁）。司馬が恒三郎に宛てた書簡、色紙、ともに写った写真などのほか、恒三郎からの贈り物や献本に対する礼状、恒三郎の病気見舞いにタンポポの絵を添えるという思いのこもったものもある。恒三郎の著書『日本近代医学のあゆみ』の冒頭に寄せた文章「著者の横顔」の原稿も残された。

1992（平成4）年、恒三郎が亡くなったとき、司馬は、弔電を送り哀悼の意を込め、「愛を無愛想なお顔で包んでおられました。」と言葉を紡いだ。

司馬遼太郎肖像写真
司馬遼太郎記念館提供

世のためにつくした人の一生ほど、美しいものはない。
ここでは、特に美しい生がいを送った人について語りたい。
緒方洪庵のことである。
この人は、江戸末期に生まれた。
医者であった。
かれは、名を求めず、利を求めなかった。
あふれるほどの実力がありながら、しかも他人のために生き続けた。そういう生がいは、ふり返ってみると、実に美しく思えるのである。
…
ふり返ってみると、洪庵の一生で、最も楽しかったのは、かれが塾生たちを教育していた時代だったろう。
洪庵は、自分の恩師たちから引きついだたいまつの火を、よりいっそう大きくした人であった。
かれの偉大さは、自分の火を、弟子たちの一人一人に移し続けたことである。
弟子たちのたいまつの火は、後にそれぞれの分野であかあかとかがやいた。やがてはその火の群れが、日本の近代を照らす大きな明かりになったのである。後世のわたしたちは、洪庵に感謝しなければならない。

司馬遼太郎「洪庵のたいまつ」より

恒三郎の倫理と適塾顕彰活動

外科を目指して挫折した恒三郎は、医局でさまざまな人間を観察したことであろう。長い研究生活の中で、さまざまな医者、大学人と接したであろう。「新しい大学院学生へ」と題する学生へのメッセージの中で次のような言葉を残している（藤野恒三郎、1970）。

> 医局に入ってみると、患者からの謝礼の話・株の話・美人患者の話その他これが大学人の話題かと驚かされることがありましよう。今の世に孔子や孟子の教えの実践者はいないとは知りながら、純潔であるべき大学にふさわしくない先輩や同僚が目につくかも知れません。それはそれとして、君だけは志を同じくするM君やY君と語らって、大学とは何か、医学とは何か、研究とは何かと考える生活を続けてください。

> 人間とは愛されるべき生き物であり、医学は人間愛の上にたつ生物学であります。人間愛をはなれて医学はあり得ないものと私は信じているのです。人間に対する愛情が湧かない人、病人をみているとき、同時にそろばんか札束が頭の中に浮ぶ人々は医学の領域から去らねばなりません。

恒三郎は、医者や大学人の好ましくない出来事について、身近な人に口を開くこともあったという。弟子たちにそうした出来事を語るときには、淡々と事実のみを述べ、それ以上は語らず、それぞれに考えさせるような態度であったという（竹田美文談）。上記の恒三郎のメッセージでは、「人生とは「これを……、あれをどう考えるか」の答案作成の連続なのです。」とも語りかけている。

このような恒三郎の倫理と教育姿勢は、適塾顕彰活動にも息づいていた。適塾記念会の事業として、洪庵の医の倫理を示した「扶氏医戒之略」の複製企画がたてられたとき、恒三郎は、この複製品を通じ"医は仁術"などという洪庵の伝える医の倫理を多くの医業関係者に広めたかったという（恒三郎息女・八木美知子談）。

この複製事業は、数々の学術写真撮影を手がけ医学研究に貢献した写真師・田中一彦が担当した。洪庵の魅力に惹かれた彼は、洪庵の妻・八重の末裔億川摂三の賛同を得、億川家に伝えられた「扶氏医戒之略」をもとに複製品を作った。

恒三郎は、「扶氏医戒之略」に表現される医学観を「医は愛なり」とみなしていた（藤野恒三郎、1980）。洪庵の倫理を伝えることを通じて、医者に人間愛の発露を求めたのであろう。

かつてビルマでペスト患者の少年を診たときも、この少年を単なる実験の道具としなかった。「其術を行うに当ては、病者を以て正鵠とすべし。決して弓矢となすことなかれ。」（「扶氏医戒之略」）という言葉が意識にのぼったのだろうか。あるいは自然な人間愛の発露であろうか。戦後、「あゝビルマ」を詠んだ恒三郎は、この詩を大阪文化賞受賞祝賀会の返礼として関係者に書きしたため送った（清水洋子宛書簡1987〔昭和62〕年1月28日付）。この手紙の最後は次のように締めくくられている。

> どうぞ、道のため人のために御自愛ください。

洪庵の言葉である。

こうした倫理の受け止め方は、各人に委ねられている。恒三郎の適塾顕彰活動は、単に先賢を崇めその業績を紹介するだけでなく、大学の精神的源流としてその権威の恵沢に浴することでもなく、ましてや大学ブランディングのためでもなく、現代人、大学人に対しものごとを反省的に考えるきっかけを与える意図を持つものであった。恒三郎の素朴な発案で始まった顕彰活動は、2011（平成21）年より適塾記念センターでの活動として引き継がれた。

扶氏医戒之略【億川家複製版】適塾記念会
1970（昭和45）年
大阪大学適塾記念センター蔵（藤野家旧蔵）

活動紹介 2

大阪大学適塾記念センターの創設と活動

大阪大学ミュージアム・リンクス准教授　松永　和浩

　創立80周年にあたる2011年、大阪大学に適塾記念センター（以下、「センター」）を設置した。センターは、これまで本学適塾管理運営委員会が担ってきた適塾建物の維持管理、適塾記念会による緒方洪庵・適塾とその関係者の顕彰・研究活動、適塾関係資料の収集に加え、新たに大阪学・オランダ学研究を使命とする。

　適塾記念会主催事業であった適塾特別展示・洪庵忌・適塾記念講演会・適塾講座をセンターが継承し、新たに適塾見学会（夏季・秋季）を始めた。適塾特別展示では、センター設立前年の2010年に洪庵生誕200年記念「えがかれた適塾」を開催した。2020年からは武谷椋亭を皮切りに、続々と生誕200年を迎える門下生を取り上げる「シリーズ　生誕200年記念」展を展開している。またこれと並行し、2010年に逝去した芝哲夫氏が推進してきた適塾門下生調査および『緒方洪庵全集』を引き継いでいる。2022年以降は洪庵忌と適塾記念講演会を発展的に統合し、適塾で開催する学内行事であった洪庵忌をウェブ配信している。また2021年から開講する「大阪大学の歴史（適塾・緒方洪庵入門）」の優秀レポートを適塾記念会誌『適塾』に掲載するとともに、洪庵忌にて「緒方洪庵記念優秀塾生賞」として表彰している。これらイベントについては、2016年度以来、ニューズレター「適塾かわら版」にて年度ごとに紹介し、適塾にまつわる人物や建物の見どころにも焦点を当てている。紙面はB4サイズ1枚を二つ折りにし、和紙をイメージしたデザインと手触りの用紙で適塾らしさを出し、他機関のニューズレターとは一線を画している。

　適塾関係資料では2015年に目録を公刊してその全貌を初めて公開し、それに基づき2018年にデジタルアーカイブ「適塾関係資料画像データベース」を構築した。これにより世界中からいつでも簡単に、適塾関係資料の画像を閲覧することが可能となった。資料収集に関しては、2015年に洪庵玄孫の緒方惟之氏から「扶氏医戒之略」「除痘館記録」や洪庵が晩年に使用した薬箱が遺贈された。近年には藤野家資料の寄贈を受け、本書のように結実した例もある。

　適塾建物の維持管理については、大きく二つの動き

『新版　緒方洪庵と適塾』
（大阪大学出版会、2019年）

がある。まず2013～14年に耐震改修工事をおこなった。震度7の地震でも倒壊しないよう、屋根の軽量化、柱と梁の接合部を仕口ダンパーや耐震リングにより強化、壁に複合鋼板耐震壁の埋め込みを施した。2018年6月には最大震度6弱を記録した大阪府北部地震が発生したが、漆喰壁や土壁の一部にひび割れ・剥離が見られたものの、駆体には影響がなく、この工事が奏功した結果となった。

　次に2022年からは防災体制の見直しを進めている。きっかけは2019年にノートルダム大聖堂や首里城という世界遺産が焼失した事故で、全くの木造建築で、しかも都心に位置する適塾はより火災のリスクが高い。そこで火災等の発生要因除去から早期覚知、被害最小化、地域共存、記録保存と、総合的な見直しを図っている。とりわけ重視しているのが、地域防災の考えである。適塾が位置する船場は、隣の愛珠幼稚園はじめ、有数の近代建築がひしめき、2014年から毎年「生きた建築ミュージアムフェスティバル大阪」が開催され人気を博している。適塾も遅ればせながら2023年からこの「イケフェス」に参加している。地域の住民・勤労者に適塾を含めた船場の建築物の価値を理解してもらい、守るべき文化遺産であるとの認識を持ってもらうことが重要と考える。

　それと関わって、近年盛んなクラウドファンディング（以下、「CF」）にも2度挑戦している。最初は2018年、大阪大学CF第1弾として、適塾図録のリニューアル資金を募集した。図録は解体修復工事後の適塾特別展示「緒方洪庵と適塾」の際に出版し、40年近くが経過していたため、その間の新知見を加え、全頁カラーでビジュアル豊富に、「適塾・緒方洪庵を

網羅できる1冊を」と銘打ち、目標金額の1.5倍を集めて『新版　緒方洪庵と適塾』を刊行した。

　2度目は防災体制見直しの一環として、万が一の事態に備えて、復元可能な適塾建物の三次元データの計測を目的とした。こちらは1000万円超の寄付が集まり、宮大工による実測、3Dスキャンとフォトグラメトリによる三次元モデルの構築を実施した。また余剰金を活用して、HPのコンテンツを充実させ、適塾の魅力の発信に努めていく。その牽引役として、学生スタッフを募集し、若い感性によるアイデアの発現を期待している。なおこのCFのギフトとして用意した「一口適塾生」は、今後も存続させることとした。これは「諭吉一枚で"一口適塾生"に！」をキャッチコピーに、一口一万円の寄付で「適々斎塾　姓名録」（10頁参照）を模した芳名帳に署名し、適塾に設置して閲覧に供するものである。寄付者にとっては門下生気分で署名し、適塾を訪問した際には同伴者に自慢ができるとあって、好評を得ている。

　また筆者含む本学教員有志の活動になるが、銘酒「緒方洪庵」復活プロジェクトを推進し、2021年から清酒「緒方洪庵」を販売し、2023年からは本学公式グッズに名を連ねている。戦国時代末期まで洪庵の実家・佐伯家と共通の先祖を持つ、西予市野村町の緒方酒造の蔵元が「緒方洪庵」を製造・販売していたが、2018年の西日本豪雨、野村ダムの緊急放流による水害をきっかけに解散を余儀なくされた。蔵元の意向から銘柄が本学に譲渡され、日本酒史学に携わる筆者のアイデアで、味わいは洪庵の理論的・温厚な人柄からキレとコク、酵母は大阪大学ゆかりの「きょうかい6号」酵母とした。このプロジェクトは洪庵を介した地域復興の取り組みである。

　さて2031年には本学創立100周年、2038年には適塾創設200周年を迎える。これらの記念として、適塾内の展示リニューアルを計画的に進めていきたい。

銘酒「緒方洪庵」
2021年
筆者提供

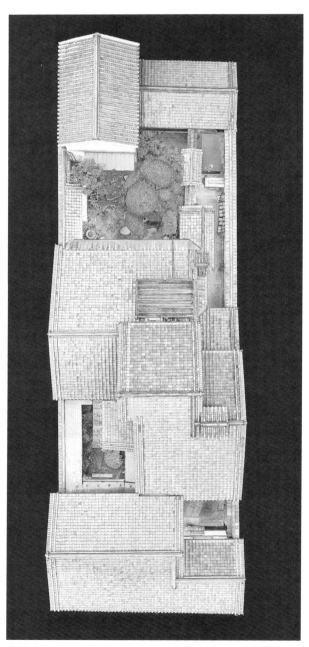

適塾建物の3Dモデル
2024年　クモノスコーポレーション提供

おわりに

福澤諭吉はその死の一ヶ月前に、恩師・緒方洪庵についての談話を残している（「故福澤先生の緒方洪庵先生に関する談話」）。

> 先生は大福餅が御好きで、御馳走は一向召し上がらなかった。毎々書室の机の傍らに焼いた大福餅が載せてあるのを見たことがある、酒は少しも上らぬ、従って料理屋に行くとか芸者遊びをなさるとか云うことは、私も長く居ったが一度も聞いたことがない。<u>先生の御楽しみは弟子を教えると云うこと、気の合った人と談論するのであって</u>、町人は固より武士でも気の合わぬものと交際するのは至極御嫌いであった。無論表面の交際はあったのだが、夫れは楽しみと云うのではない。或る時近郊に秋の月を観に行かれたことがあった。其の時にも<u>御伴をするのは門下生計り、四五人</u>で、たしか何とか云う宗匠が一人加わって行った。或る茶屋の二階で歌を読むと云うことで、名々得意の句を作って帰った。夫から宗匠がそれを直した。此の時の歌が余程よく出来たそうで、大層自慢にされて吾々に見せられた。覚えては居らんが兎に角非常によく出来て居って、何でも其の主意は、世の中の俗人と交わってつまらぬ苦労するよりは、斯かる有為の青年と静かに月を賞するのは、畢世の愉快であると言う文句であった様に思う。<u>先生の弟子を愛せられたことは、とても他に比類が無かろうと思う位である。</u>
>
> ※適宜、引用者の判断で句読点を打ち直し、下線を施した。

教育者・緒方洪庵の気質と、弟子を愛する気持ちがよく表れている。適塾門下生の活躍もそのような愛に支えられたものであったといえ、升八郎もまた洪庵に愛された一人であった。

升八郎は、兵学への関心を持ったが、自らの医者としての役割を果たそうと地域医療に専心した。勉学を怠らず、貪欲に最新の知識を吸収し、師友と切磋琢磨した。真面目に医業に取り組む医者として、律儀な一人の人間として、信頼される人物だという側面もあった。藤野恒宅（保太郎）・恒三郎らがまとめた藤野家記録には、升八郎は「自適悠々ニ陋屋ニ蟄居シテ漢書、蘭籍ヲ渉猟シ、傍ラ宗祖伝来ノ医道ニ精進ツ、生涯ヲ全ウシタ。」と書かれていた。「自適悠々」（悠々自適）は洪庵の"適々"のこころ（自分の心に適しみ（たの）とするところを適しみとする）に通ずる。

升八郎は自適でありつつも、勤勉で真面目な在村医として「賤丈夫」とはかけ離れた、「道のため、人のため」という倫理を生きた人生だったのではないか。そして洪庵が升八郎に示した倫理観、升八郎の質問に朱字で返したところに見られる教育精神は、厳九郎の魯迅に対する熱心な指導を思い起こさせるものであり、また郷里に帰ってからの地域医療に専心する厳九郎の姿は、升八郎を思わせるものであった。いずれも根底に見出せるのは真面目なこころである。

魯迅はこの厳九郎を恩師として生涯尊敬し続けた。魯迅は、厳九郎との別れの際に、自分は生物学をするから先生の教えは役に立つと慰めを言った。そのとき、厳九郎は、医学のために教えた解剖学は生物学には役に立たないだろうと嘆息したという。そして魯迅に自らの写真を贈って別れを惜しんだ（以上、魯迅「藤野先生」）。

確かに、以後の魯迅の活躍から見ても、解剖学は直接的には役立たなかっただろう。しかし、魯迅が厳九郎から受け取ったのは、むしろそれよりはもっと根本的なものであった。それはやはり、真面目な厳九郎の教育精神であった。魯迅は厳九郎について次のようにいう。

> 有時我常常想：他的対于我熱心的希望、不倦的教誨、小而言之、<u>是為中国</u>、就是希望中国有新的医学；大而言之、<u>是為学術</u>、就是希望新的医学傳到中国去。
> よく、私はこう考える。彼の私に対する熱心な希望と倦まざる教訓とは、小にしてこれを言えば、中国のため、つまり中国に新しい医学の起こることを希望されたのであり、大にしてこれをいえば、学術のため、つまり新しい医学が中国に伝わることを希望されたのである。　　　魯迅「藤野先生」

実際、厳九郎は、魯迅への指導について、中国のためであり、医学を中国へ広げたいという考えがあるからやっているのだと仙台医専時代の教え子の一人に言ったという（仙台における魯迅の記録を調べる会、1978）。この厳九郎の教育理念、あるいは魯迅が厳九郎の指導から受け取った思想は、「為道為人」（道のため、人のため）、「為国家」（国家のため）という洪庵の精神と通ずるものがある。

洪庵は、1854（安政元）年3月大藤（藤井）高雅（洪庵の甥にあたる）に宛てた手紙で、当面は病用を省いて、専ら書生を教導し、「当今必要の西洋学者」を育

てるつもりであると胸の内を明かした。ペリー来航の翌年であった。洪庵は、当時の日本が直面する問題を鑑み、医学にとどまらない西洋学問の摂取と研究が大事だと考えたのであろう。

　明治維新の多くが医学に端を発することに注目し日本で医学を学んだ魯迅が、洪庵の高弟である升八郎の息子・厳九郎の指導に感銘を受けたという事実は興味深い。魯迅自らもまた中国社会を旧時代から脱皮させようと、小説でさえ社会改良のために執筆していた（魯迅／増田、1964〔1933〕）。魯迅は筆鋒鋭く、論敵には徹底的な態度をみせたことで有名だが、一方で、増田渉という名もなき日本人の弟子と心を通じ合わせ、厳九郎のように懇切丁寧に指導した。洪庵の精神は、升八郎・厳九郎、二人の藤野先生を通して、魯迅とも共鳴するものであったといえよう。そして、厳九郎―魯迅―増田の交流は、戦後に展開される日中友好活動を準備した。

　厳九郎から医の道を歩むべしと諭された恒三郎は、腸炎ビブリオの発見という細菌学史に残る偉業を成し遂げた。また厳九郎同様の熱心な教育者であった恒三郎は、やはり洪庵のように弟子に対して愛をもって接し、よく面倒を見た。その厳格な態度から敬遠される向きもあったが、その精神を理解する多くの教え子たちから深い尊敬を集めた。司馬遼太郎は、魯迅の描く厳九郎のイメージとの類似性を強調しており、それは、教え子や関係者の証言からも裏付けられるものであった。

　文学青年であった恒三郎は、医学史研究に情熱を注ぎ、歴史や芸術を好んだ。歴史上の人物についても一家言持っていた。数々の歴史上の人物を魅力的に描いた司馬も、恒三郎から『花神』の執筆動機を与えられ、この作品で洪庵や門下生らを生き生きと描き、世に適塾の存在を広めるのに大いに貢献した。

　司馬史観はつとに近代史家から批判されることも多かったが、人物を魅力的に描き、歴史を専門に学んだことのない一般人に対しても訴えかける力があった。「洪庵のたいまつ」（85頁）は、いまなお、洪庵と適塾門下生を顕彰した文章として名高い。ここには、洪庵の弟子を愛する気持ちや、道のため、人のためという倫理がよく表現されており、多く近代に活躍した弟子を育てた歴史的功績が讃えられている。

　洪庵の倫理や教育精神は、適塾の精神として門下生に受け継がれ、世代を超えた三人の藤野先生にも確かに息づいていた。勤勉な態度、謹厳実直で真面目という気質、そして背後にある慈愛のこころは、魯迅にも司馬遼太郎にも感銘を与える広がりを持っていたといえるのではないだろうか。恒三郎の発案に始まった適塾顕彰活動は、洪庵の著作の研究や門下生調査研究の推進、そして適塾の建物の維持管理などという活動に発展した。

　これらの活動の継続には、洪庵や適塾を記念・顕彰しようとする恒三郎をはじめとする有志の精神が宿っていた。恒三郎没後に出版された恒三郎の遺稿集『続学悦の人』を受け取った司馬は、恒三郎の妻・玲子に宛て礼状を書いた。礼状には、恒三郎が「何ごとについてもご自分の原則をつねに持っておられた」と書かれていた（1993〔平成5〕年8月10日付葉書）。顕彰活動の継続はこうした原則に支えられていたといえよう。

　これらの活動を引き継いだ適塾記念センターの適塾顕彰活動は、さらにその内容が多様化し、多くの事業を抱えるようになった。そのような状況において、顕彰・記念事業が自己目的化しないためには、何のための顕彰であり記念なのかと問い直す作業が必要だと思われる。大学の精神的源流として適塾に現代的価値を見出すのであれば、そのとき、本書で見たような三人の藤野先生によって示された価値に目を向けることは大変意義あるものではないだろうか。

適塾外観

藤野家関係略年譜

年	藤野家三代の事績	関連する出来事
1822 文政5年	升八郎 現在の福井県あわら市の長男として生まれる。勤務1所（文政2）年説もあり、1809年説もあり。医師・藤野家初代。	
	升八郎 小西本長綱（左内の父）の紹介で京都の医師・小石元瑞に入門する。	
1842 天保13年	升八郎 二〇歳 小石元瑞のもとで修行を終える。	
1846 弘化3年	升八郎 二四歳 適塾に入門する。	
1850 嘉永3年	升八郎 二八歳頃 江戸へ向かう。	
1856 安政3年	升八郎 京都の産科医・賀川錦から産科の免許を授けられる。	
	升八郎 郷里に帰り在村医となる。	
1858 安政5年		コレラが蔓延し、緒方洪庵が『虎狼痢治準』を著す。
1860 万延元年	升八郎 三八歳 コレラの治療について洪庵から指導を受け、質問状を送る。	
1874 明治7年	升八郎 厳九郎 三男として生まれる。	
1882 明治15年	厳九郎 八歳 父の升八郎が死去。野坂源三郎のもとに通い漢学を習う。	
1890 明治23年	厳九郎 一六歳 福井県尋常中学校（現藤島高校）に入学。	
1892 明治25年	厳九郎 一八歳 愛知医学校（現名古屋大学医学部）に入学。	
1896 明治29年	厳九郎 愛知医学校を卒業。	
1897 明治30年	厳九郎 二三歳 医師免許状取得、愛知医学校教諭。	
1900 明治33年	厳九郎 愛知医学校教諭を解嘱される。金沢、仙台の招聘を受け、仙台医学専門学校（現東北大学医学部）教官着任。	
1901 明治34年	厳九郎 仙台医学専門学校講師。	魯迅が仙台医学専門学校に入学。
1904 明治37年	厳九郎 三〇歳 仙台医学専門学校教授。	
1906 明治39年	厳九郎 仙台を去る魯迅に惜別の思いを込め自らの写真を渡す。	
1907 明治40年	藤野恒弥（明次郎）三男として誕生。	
1912 明治45年	厳九郎 東北帝国大学医学専門部教授。	
1915 大正4年	厳九郎 四一歳 東北帝国大学医学専門部教授辞職。	
1916 大正5年	厳九郎 二月末故郷の本郷村下番に帰る。	
1918 大正7年	厳九郎 福井県三国町（現坂井市）に耳鼻咽喉科藤野医院を開業。	
1919 大正8年	厳九郎 四五歳 兄・明次郎が死去し、兄の医院を継ぐ。長男・恒弥、福井県立武生中学校に入学。次男・保太郎、父が死去し自宅（恒宅）を譲わる。	
1924 大正13年	恒弥 一七歳 大阪医科大学医学科予科（現大阪大学医学部）に入学。	
1926 大正15年		魯迅『藤野先生』を発表。
1931 昭和6年	厳九郎 二四歳 大阪医科大学医学科卒業、医師免許取得。明けて雄島村（現坂井市）へ移る（保太郎宅に渡り診療を経営する）。	

年	藤野家三代の事績	関連する出来事
1934 昭和9年	恒三郎 大阪帝国大学医学部助手。	大阪大学微生物病研究所創設
1935 昭和10年		佐藤春夫・増田渉訳『魯迅選集』（岩波文庫）が刊行され、「藤野先生」が初めて本書で紹介される。
1936 昭和11年	恒三郎 二九歳 大阪帝国大学医学部講師。水癌の研究により大阪帝国大学医学部より医学博士号を授与される。	魯迅死去。
1937 昭和12年	恒三郎 三〇歳 戦時応召。	
1939 昭和14年	恒三郎 大阪帝国大学医学部助教授。	
1943 昭和18年	恒三郎 三六歳 戦時応召。	
1945 昭和20年	厳九郎 七一歳 死去。	
1948 昭和23年	恒三郎 四一歳 大阪大学微生物病研究所教授。	
1950 昭和25年	恒三郎 大阪府南部地域で発生した集団食中毒事件の原因となり腸炎ビブリオを発見し、調査に参加。	
1952 昭和27年		適塾記念会の創設。
1955 昭和30年	恒三郎 四八歳 大阪大学微生物病研究所第4代所長・大学評議員となる。	
1956 昭和31年	厳九郎没後19年 参内厳九郎の代理として山下平八が完成許可を受ける藤野厳九郎墓。	
1964 昭和39年	恒三郎 福井県足羽市建立式藤井市足羽公園にて藤野厳九郎碑。	
1965 昭和40年	恒三郎 五八歳「腸炎ビブリオの発見と研究」で朝日賞を受賞。	
1967 昭和42年		大阪大学微生物病研究所、吹田地区へ移転。
1968 昭和43年	恒三郎『腸炎ビブリオ読本』（杏林書店）を出版。	
1969 昭和44年		司馬遼太郎『花神』の連載開始。
1970 昭和45年	恒三郎 六三歳 大阪大学退職・名誉教授。	
1973 昭和48年	恒三郎 六六歳 神戸学院大学医学部教授、司馬遼太郎を適塾記念会理事に招く。	
1974 昭和49年	恒三郎 六七歳『日本近代医学の歩み』（講談社）を出版。	
1980 昭和55年	厳九郎没後35年 生家跡に「藤野厳九郎碑」が建立される。下番区民により藤野厳九郎碑が建てられる。	
1983 昭和58年	神戸三郎 七六歳 神戸学院大学教授を退任、特任教授。	
1984 昭和59年	恒三郎『日本細菌学史』（近代出版）を出版、神戸学院大学・日本特任教授退任。	
1985 昭和60年	神戸三郎 七八歳 神戸学院大学名誉教授。	
1986 昭和61年	恒三郎 文化賞受賞。	
1992 平成4年	恒三郎 八五歳 死去。	

1 藤野先生と魯迅展刊行委員会編『藤野先生と魯迅』（大阪大学出版会、2007年）など、藤野家文書など、大阪大学微生物病研究所退官記念、「東北大学タイムカプセル」（東北大学、1989年）、藤野恒三郎ほか『藤野先生と魯迅』（平凡社）など、作成成された藤野恒三郎関係文書（旧蔵）は、藤野家第三代恒三郎の出所。

主要参考文献

全体に関わるもの
大阪大学適塾記念センター編『新版　緒方洪庵と適塾』（大阪大学出版会、2019年）
「故福沢先生の緒方洪庵先生に関する談話」『医事会報』第107号（1901年）
藤野家文書
藤野厳九郎家文書
藤野恒三郎『学悦の人』（大阪大学微生物病研究所内藤野博士退官記念会、1970年）
藤野恒三郎「〈学悦の人〉ある細菌学者の横顔と思想」『LIFE SCIENCE』vol 3, vol 4 ［第108号］（社団法人生命科学振興会、1976年）
魯迅著／増田渉訳「私はどうして小説を書くようになったか」（増田渉・松枝茂夫・竹内好編『魯迅選集』第9巻〔改訂版〕、岩波書店、1964〔初版1956、原著1933〕年）

第1章
石川松太郎「藩校」『国史大辞典』（1990年）
岩治勇一「大野藩の洋学」『奥越史料』第5輯（1964年）
岩治勇一「洪庵の二子と大野藩」『医譚』第27号（日本医史学会関西支部、1963年）
梅渓昇『洪庵・適塾の研究』（思文閣出版、1993年）
梅渓昇『〈人物叢書〉緒方洪庵』（吉川弘文館、2016年）
梅渓昇「藤野家文書・蘭学者関係書翰の紹介」『続 洪庵・適塾の研究』（思文閣出版、2008〔論文初出1994〕年）
越前大野土井家文書（藩庁用留、御用留、由緒、古分限帳、大野藩庁記録）
大野市史編さん委員会編『大野市史』第4巻〔藩政史料編1〕（1983年）「利忠年譜」
大野市史編さん委員会編『大野市史』第5巻〔藩政史料編2〕（1984年）「大野町用留抜粋」
大野市史編さん委員会編『大野市史』第6巻〔史料総括編〕（1985年）吉田拙蔵「柳陰紀事」
大野市史編さん委員会編『大野市史』第9巻〔用留編〕（1995年）
緒方富雄・適塾記念会編『緒方洪庵のてがみ　その二』（菜根出版、1980年）
笠原白翁著・福井県医師会編『白神記―白神用往来留―』（福井県医師会、1997年）
京都府医師会医学史編纂室編『京都の医学史』（思文閣出版、1980年）
地域蘭学者門人帳人名データベース（2025年1月23日最終閲覧）https://www.rekihaku.ac.jp/up-cgi/login.pl?p=param/rung/db_param
適塾記念会緒方洪庵全集編集委員会『緒方洪庵全集　第3巻（上）和歌　書　著作（その二）』（大阪大学出版会、2023年）
適塾記念会緒方洪庵全集編集委員会『緒方洪庵全集　第5巻　書状（その二）　その他文書（附）適塾姓名録』（大阪大学出版会、2022年）
福井県編『福井県史』資料編4〔中・近世2〕（1984年）「安川與左衛門家文書」
福井県文書館『福井藩士履歴5　の〜ま』（福井県文書館、2017年）
福井市役所編『稿本福井市史』下（歴史図書社、1973年）
福田源三郎『越前人物志』（玉雪堂、1910年）
富士川英郎『江戸後期の詩人たち』（平凡社、2012年）「中島棕隠」
藤野恒宅（保太郎）「藤野家家譜下書」（藤野家蔵）
藤野恒宅・藤野恒三郎「幕末蘭法医家ニ関スル雑考」『若越医談』第29号（1937年）
松本端編「大阪市種痘歴史」（有坂隆道・浅井允晶編『論集　日本の洋学』Ⅱ、清文堂出版、1994年）
みくに龍翔館『藩校・私塾・寺子屋と近代教育への歩み―坂井市域の教育史から―』（みくに龍翔館、2012年）
柳沢芙美子「越前大野藩における種痘の展開―遠隔地への出張と経費負担を中心に―」『福井県文書館研究紀要』第21号（2024年）
山口宗之『〈人物叢書〉橋本左内』（吉川弘文館、1962年）

第2章
泉彪之助監修『藤野厳九郎記念館写真集第1集』（藤野厳九郎顕彰会、1986年）
泉彪之助「藤野厳九郎の学歴とその時代背景」『日本医史学雑誌』第30巻第4号（1984年）
泉彪之助「魯迅日記における医療―第2報　医療関係者・医療機関―」『福井県立短期大学研究紀要』第16号（1991年）
泉彪之助「魯迅日記における医療―第3報　医療関係者・医療機関補遺―」『福井県立大学看護短期大学部論集』第2号（1995年）
伊藤漱平・中島利郎編『魯迅・増田渉　師弟答問集』（汲古書院、1986年）
内山完造（内山嘉吉・籠／魯迅友の会編）『魯迅の思い出』（社会思想社、1979年）
『海を越えた友情―増田渉と魯迅―』（鹿島町立歴史民俗資料館、1990年）
『恵曇小学校教育史』（八束郡鹿島町立恵曇小学校教育史編集委員会、1986年）
片山智行『魯迅　阿Q中国の革命』（中央公論新社、1996年）
許広平著／安藤彦太郎訳『暗い夜の記録』（岩波書店、1974〔初版1955、原著1947〕年）
許広平著／松井博光訳『魯迅回想録』（筑摩書房、1968〔原著1959〕年）
高馬三良訳『山海経―中国古代の神話世界―』（平凡社、1994年）
仙台における魯迅の記録を調べる会編『仙台における魯迅の記録』（平凡社、1978年）
孫安石・柳澤和也編『内山完造研究の新展開』（東方書店、2024年）
高田淳『魯迅詩話』（中央公論社、1971年）
坪田忠兵衛『郷土の藤野厳九郎先生』（藤野厳九郎先生顕彰会、1981年）
豊中市日本中国友好協会編『豊中市日中友好だより　豊中市日本中国友好協会創立15周年特別記念誌』（豊中市日本中国友好協会、2014年）
西村真琴「三義塚の由来」（豊中郷土文化研究会編『豊嶋文化』第3号、豊中郷土文化研究会、1955年）
半沢正二郎『魯迅・藤野先生・仙台』（仙台魯迅会、1966年）
藤井省三『魯迅　東アジアを生きる文学』（岩波書店、2011年）
「藤野先生と魯迅」刊行委員会編『藤野先生と魯迅―惜別百年―』（東北大学出版会、2007年）
藤野恒男「藤野厳九郎小伝」『仁愛女子短期大学研究紀要』第26号（1995年）
藤野恒道「藤野先生小伝」（『中国文学報』四冊、京都大学

文学部中国語学中国文学研究室、1956年)
北京魯迅博物館編『魯迅 1881-1936』(河南文芸出版社、2008年)
北京魯迅博物館(北京新文化運動紀念館)資料査詢在線検索系統(2025年1月23日最終閲覧)http://luxunmuseum.com.cn/cx/
増田渉『魯迅の印象』(角川書店、1970〔初版講談社、1948〕年)
松井利夫『魯迅『藤野先生』を5倍楽しく読む本』(文芸社、2023年)
魯迅著／佐藤春夫・増田渉訳『魯迅選集』(岩波文庫、1935年)
魯迅著／竹内好訳『阿Q正伝・狂人日記他十二篇(吶喊)』(岩波文庫、1955年)
魯迅著／松枝茂夫訳『朝花夕拾』(岩波文庫、1955年)
魯迅手稿全集編集委員会編『魯迅手稿全集』22 日記編五(国家図書館出版社・文物出版社、2021年)
『魯迅全集』第七巻「集外集」(人民文学出版社、1973年)
魯迅仙台留学百二十周年記念会編『魯迅の仙台留学―「藤野先生」と「医学筆記」―』(社会評論社、2024年)
魯迅・東北大学留学百周年史編集委員会編『魯迅と仙台 東北大学留学百周年』(東北大学出版会、2004年)
『魯迅の手紙』(鹿島町立歴史民俗資料館、1996年)
『魯迅への道 中国文学者 増田渉の軌跡』(松江市立鹿島歴史民俗資料館、2011年)

第3章
井上了「中井履軒の『顕微鏡記』について」(大阪大学総合学術博物館編『「見る科学」の歴史―懐徳堂・中井履軒の目―』、大阪大学出版会、2006年)
梅溪昇・芝哲夫『よみがえる適塾 適塾記念会50年のあゆみ』(大阪大学出版会、2002年)
大阪大学適塾記念センター「適塾関係資料画像データベース」(2025年1月23日最終閲覧)https://www.archive.tekijuku.osaka-u.ac.jp
大谷典久「測量器具商としての大隅源助」『歴史地理学』第51巻第5号(2009年)
貝塚侊編『あゝビルマ 第二十六野戦防疫給水部記録』(美鴨会・光村推古書院、1972年)
加藤四郎「モンテベルデ作エドワード・ジェンナーの大理石像への遠い道」『適塾』第14号(適塾記念会、1982年)
株式会社阪急百貨店社史編集委員会編『株式会社阪急百貨店25年史』(阪急百貨店、1976年)
菅真城『大学アーカイブズの世界』(大阪大学出版会、2013年)
小林義雄『世界の顕微鏡の歴史』(小林義雄、1980年)
芝哲夫「藤野恒三郎先生と私」『適塾』第25号(適塾記念会、1992年)
司馬遼太郎『花神』(新潮社、1972年)
司馬遼太郎『二十一世紀に生きる君たちへ』(司馬遼太郎記念館、2003年)
司馬遼太郎・山村雄一『対談 人間について』(平凡社、1983年)
週刊朝日MOOK『週刊司馬遼太郎Ⅲ』(朝日新聞社、2008年)
白井光太郎「我邦ニ於ケル顕微鏡ノ歴史」『植物学雑誌』第27巻第315号(1913年)
杉本つとむ『江戸時代翻訳語の世界―近代化を推進した訳語を検証する―』(八坂書房、2015年)
滝川巌「食中毒患者より検出した一種の好塩細菌に関する研究」『日本伝染病学会雑誌』第30号(1956年)
竹田美文「〈明治・大正・昭和の細菌学者達12 最終回〉藤野恒三郎―腸炎ビブリオの発見」『モダンメディア』第61巻第12号(2015年)
田中新一『顕微鏡の歴史』(九州文庫出版社、1979年)
日本二十六聖人記念館『日本二十六聖人記念館CATALOGUE』(日本二十六聖人記念館、1987年)
日本二十六聖人記念館『日本二十六聖人記念館 所蔵品カタログ』(日本二十六聖人記念館、2017年)
福間良明『司馬遼太郎の時代 歴史と大衆教養主義』(中央公論新社、2022年)
藤野恒三郎『医学史話―杉田玄白から福沢諭吉―』(菜根出版、1984年 a)
藤野恒三郎『顕微鏡ものがたり』(日本防菌防黴学会、1979年)
藤野恒三郎『藤野・日本細菌学史』(近代出版、1984年 b)
藤野恒三郎「創立のころ」『適塾』第15号(適塾記念会、1982年)
藤野恒三郎『続学悦の人』(藤野玲子、1993年)
藤野恒三郎『腸炎ビブリオ読本』(納谷書店、1968年)
藤野恒三郎監修／梅溪昇・藤田実・井門千里編『緒方洪庵と適塾』(適塾記念会、1980年)
藤野恒三郎・大阪府「なにわ塾」編『〈なにわ塾叢書23〉医学の歩みと私』(大阪府、1986年)
藤野恒三郎・奥野良臣・中田大輔・青山章・深井孝之助・向井貞三・上保俊男「シラス中毒事件の細菌学的検査報告」『日本伝染病学会雑誌』第25号(1951年)
藤野恒三郎・福見秀雄編『腸炎ビブリオ』(一成堂、1964年)
藤野恒三郎・福見秀雄編『腸炎ビブリオ第Ⅱ集』(納谷書店、1967年)
藤野恒三郎先生を偲ぶ会編『学悦の人 藤野恒三郎先生を偲ぶ』((財)阪大微生物病研究会、1994年)
松永和浩「適塾を媒介とする社会貢献活動―適塾記念会から適塾記念センター、そして社学共創本部として―」(永田靖・佐伯康考編『街に拓く大学―大阪大学の社学共創―』、大阪大学出版会、2019年)
松永和浩「銘酒「緒方洪庵」復活プロジェクト」『適塾』第54号(適塾記念会、2021年)
ミヒェル、ヴォルフガング「江戸初期の光学製品輸入について」『洋学』第12号(2003年)
三輪谷俊夫・大橋誠監修『腸炎ビブリオ第Ⅲ集』(近代出版、1990年)
和田和代史「我が国の顕微鏡の由来―和田医学史料館所蔵の顕微鏡の歴史―」『日本医史学雑誌』第42巻第2号(1996年)

〔欧文文献〕
Buchanan, R. E. and Gibbons N. E. (eds.), *Bergey's Manual of Determinative Bacteriology (8th Edition)*, Williams and Wilkins Co., Baltimore, USA, 1974.
Clay, R.S. and Court, T.H., *The History of the Microscope*, 1932, Griffin & Co., London. 使用したのは The Holland Press (London) の 1985 年版
Mayall, J., *Cantor Lectures on the Microscope*, 1886, W. Trounce, London.
Sakazaki, R. and Iwanami, S. and Fukumi, H. Studies on the enteropathogenic facultatively halophilic bacteria, *Vibrio parahaemolyticus*. I. Morphological, cultural and biochemical properties and its taxonomical positions, *Jap. J. Med. Sci. Biol.*, 21, 313-324, 1963.

あとがき

　私は、ここ数年、適塾研究を進めるべく門下生調査に取り組んできた。その成果は毎年適塾で開催する適塾特別展示で紹介するほか、毎年適塾記念会から発刊される『適塾』誌にも発表している。升八郎に注目したのは、恒三郎の息女・八木美知子氏から藤野家に伝わる貴重な資料を適塾記念センターに寄贈していただいたことがきっかけである。洪庵の書や手紙、恒三郎の適塾・医学史研究の過程で集められた資料、恒三郎自身の資料のほか、本書で重要な位置付けを与えた洪庵朱入りの升八郎質問状もこの中にあった。厳九郎と魯迅に関する資料も蔵されており、これらについては西村真琴のよしみから、豊中市日本中国友好協会へ寄贈してもらった。

　当初は、以上の多様な資料のうち適塾関係資料を中心とした展示ができればと考えていた。だが、次第に恒三郎の適塾研究に果たした役割に関心がおよび、恒三郎を知る方々から聞き取り調査をする中で、洪庵の人となりと重なる人間性を見出すようになった。また、恒三郎の細菌学者としての功績が十分に評価されてこなかったことも知り、大学で功績のあった学者を顕彰、再評価する必要性も感じた。

　その一方、厳九郎が魯迅の師であることにも大きな関心を持っていた。個人的に中国との関わりが深く、中国の友人も多い。妻も中国人である。中国で厳九郎は大変有名な存在であるのに、なぜか日本における知名度が低い。そうした思いを抱いていたおり、藤野家の菩提寺・福円寺で厳九郎を偲ぶ"惜別忌"が催されていることを知り、家族で参加した。厳九郎顕彰活動に熱心な方々に出会い、厳九郎にも洪庵と通ずる精神を見出した。

　洪庵の真面目、勤勉が藤野家に受け継がれ、厳九郎の精神が魯迅のこころに響き、恒三郎を通じて阪大の適塾顕彰活動を動かしたという構想が浮かび、藤野家三代の事績を一つの精神の流れとして表現できないかと考えた。

　調査の過程で多くの方々の世話になった。藤野家に伝わる貴重な資料を提供してくださった八木美知子氏、藤野薫氏はもちろん、恒三郎の弟子・竹田美文氏（本書特別寄稿執筆者）の師に対する尊敬の念に突き動かされたところも大であった。「三人の藤野先生」というタイトルも、竹田氏の「私の藤野先生」という表現に着想を得たものである。福井の知られざる偉人発掘と紹介という意義に共鳴された福井県からは多大な支援を、また日中友好という観点から意義を感じられた豊中市日本中国友好協会にも協賛していただいた。

　他にも、多くの心ある方々のおかげで、展示および本書の刊行にこぎ着けることができた。謝辞に記載した団体・個人以外からも多くの協力を得ている。やむを得ない事情で記載できなかった団体・個人もある。共創推進部博物館・適塾記念センター等事務室スタッフ各位、本書の編集を担当し丁寧な仕事をしてくださった大阪大学出版会の堂本麻央、板東詩おり両氏にも感謝申し上げる。

　また、家族の存在抜きには展示開催および本書刊行は実現できなかった。展示会場の玄関に用意したインスタレーション（食中毒予防）は、息子・西川暖真との遊びに啓発された作品であり、家族との共作である。恒三郎の社会啓発活動に学び、子供への衛生教育を意図したものである。妻・余茜には展示の中国語解説を手伝ってもらった。嫌な顔一つせずにサポートしてくれる中国の父母にも感謝の念を記しておきたい。謝謝！

　本文では書けなかったが、恒三郎は家族愛に満ちた人で子煩悩の一面があった。一人娘が幼少の頃、自転車や逆上がりの練習をつきあい、高校になると映画に連れて行き、受験の際には一日中寒い待合室で待っていたという（八木氏談）。阪大退官記念講演会のパーティー挨拶では「もう一度生まれ変わってもこの妻と娘を選ぶ」と真面目に語った。早く両親を亡くし悲惨な戦争から生還した恒三郎は、知性と徳性に加え、家族への優しさを持っていた。無論、三人の藤野先生に共通する教育精神の一つの表れだったともいえる。

　本書執筆中に迎えた恒三郎の三十三回忌には、八木氏ご夫妻とともに西本願寺の法要に参列し、恒三郎の眠る大谷本廟に献花し、恒三郎が先鞭をつけた適塾研究のことを想った。道のため、人のため、そして次世代の子供達のために、研究や教育活動に取り組んでいきたいと思う。

2025年1月

西川　哲矢

展覧会会場のインスタレーション

編著者

西川哲矢
　1982年、京都府出身。大阪市立大学大学院法学研究科後期博士課程退学。現在、大阪大学適塾記念センター特任助教（常勤）。

　専門
　　日本法制史、地域史、適塾研究。

　主な業績
　　西川哲矢「乡村医生的真实面貌」『鲁迅研究月刊』（北京魯迅博物館、2024年第12期）、西川哲矢「日本最初の弁護士・中定勝の多彩な活躍」『適塾』第56号（適塾記念会、2023年）、西川哲矢「藤野家資料について」・「『福翁自伝』に書かれなかった適塾うらばなし」『適塾』第55号（適塾記念会、2022年）、西川哲矢「水をめぐる村々の争いと扱人――「鎌田水論一件日記」から読み解く」『日本の歴史を突き詰める　おおさかの歴史』（地方史研究協議会編、文学通信、2022年）、西川哲矢・中村健史『采邑私記　翻刻と訓読』（デザインエッグ社、2022年）

解説・活動紹介・特別寄稿執筆者（五十音順）

赤澤　秀則（松江市立鹿島歴史民俗資料館館長）解説4執筆	後藤ひろみ（福井県歴史活用コーディネーター）活動紹介1①執筆	
竹田　美文（元国立感染症研究所所長）特別寄稿執筆	田中　孝志（大野市教育委員会事務局指導学芸員）解説3執筆	
藤　　共生（福円寺副住職）活動紹介1②執筆	松永　和浩（大阪大学ミュージアム・リンクス准教授）活動紹介②執筆	
柳沢芙美子（元福井県文書館副館長）解説2執筆	八耳　俊文（日本科学史学会会員）解説5執筆	
山田　裕輝（福井市立郷土歴史博物館学芸員）解説1執筆		

謝　辞

あわら市	あわら市郷土歴史資料館	あわら市日本中国友好協会	内山書店
大阪大学微生物病研究所	大野市歴史博物館	司馬遼太郎記念館	仙台魯迅研究会
東北大学史料館	豊中市日本中国友好協会	日刊県民福井・中日新聞	阪大微生物病研究会
福井県	福井市立郷土歴史博物館	福井新聞社	福円寺
松江市立鹿島歴史民俗資料館			

青園　大亮	飯田　哲也	伊﨑　文彦	伊与登志雄	柏谷　秀一	加藤　諭	兼松まどか
兼松　泰男	木下タロウ	清川　将平	九千房英之	車田　敦	坂口　太郎	佐藤　弘康
篠田　純男	清水　洋子	高比良　剛	天目　基博	西川　暖真	西宗　廣子	西宗　義武
丹羽野輝子	橋本　博	長谷川拓也	樊　敏静	深尾　葉子	藤野　一郎	藤野　薫
藤野　幸弥	星野　邦良	松井　利夫	八木美知子（藤野恒三郎息女）	八木　芳昭	余　茜	
余　俊	李　　鑫					

大阪大学総合学術博物館叢書　22

三人の藤野先生、その生涯と交流
―医家に流れる適塾の精神―

2025年3月23日　初版第1刷発行　　　　　　　　　　［検印廃止］
　　編著者　西川哲矢
　　発行所　大阪大学出版会
　　代表者　三成賢次
　　〒565-0871　大阪府吹田市山田丘2-7
　　　　　　　大阪大学ウエストフロント
　　　　電話　06-6877-1614
　　　　FAX　06-6877-1617
　　　　URL：https://www.osaka-up.or.jp
　　印刷所：㈱遊文舎

Ⓒ Tetsuya Nishikawa 2025　　　　　　　　　　　Printed in Japan
　　　　　ISBN 978-4-87259-821-6　　C1321

JCOPY 〈出版者著作権管理機構　委託出版物〉
本書の無断複製は著作権法上での例外を除き禁じられています。複製される場合は、その都度事前に、出版者著作権管理機構（電話 03-5244-5088、FAX 03-5244-5089、e-mail: info@jcopy.or.jp）の許諾を得てください。

大阪大学総合学術博物館叢書について

　大阪大学総合学術博物館は、2002年に設立されました。設置目的のひとつに、学内各部局に収集・保管されている標本資料類の一元的な保管整理と、その再活用が挙げられています。本叢書は、その目的にそって、データベース化や整理、再活用をすすめた学内標本資料類の公開と、それに基づく学内外の研究者の研究成果の公表のために刊行するものです。本叢書の出版が、阪大所蔵資料の学術的価値の向上に寄与することを願っています。

大阪大学総合学術博物館

大阪大学総合学術博物館叢書・既刊

- ◆1　扇のなかの中世都市―光円寺所蔵「月次風俗図扇面流し屏風」　　　　　　　　　　　泉　万里
- ◆2　武家屋敷の春と秋―萬徳寺所蔵「武家邸内図屏風」　　　　　　　　　　　　　　　　泉　万里
- ◆3　城下町大坂―絵図・地図からみた武士の姿―　　　　　　　　　鳴海邦匡・大澤研一・小林　茂
- ◆4　映画「大大阪観光」の世界―昭和12年のモダン都市―　　　　　　　　　　　　　　橋爪節也
- ◆5　巨大絶滅動物　マチカネワニ化石　恐竜時代を生き延びた日本のワニたち　　小林快次・江口太郎
- ◆6　東洋のマンチェスターから「大大阪」へ　経済でたどる近代大阪のあゆみ　　阿部武司・沢井　実
- ◆7　森野旧薬園と松山本草―薬草のタイムカプセル　　　　　　　　　　　　　髙橋京子・森野燾子
- ◆8　ものづくり　上方"酒"ばなし―先駆・革新の系譜と大阪高等工業学校醸造科―　　　松永和浩
- ◆9　戦後大阪のアヴァンギャルド芸術―焼け跡から万博前夜まで―　　　　　　橋爪節也・加藤瑞穂
- ◆10　野中古墳と「倭の五王」の時代　　　　　　　　　　　　　　　　　　　高橋照彦・中久保辰夫
- ◆11　漢方今昔物語―生薬国産化のキーテクノロジー――　　　　　　　　　　　髙橋京子・小山鐵夫
- ◆12　待兼山少年―大学と地域をアートでつなぐ〈記憶〉の実験室―　　　　　　橋爪節也・横田　洋
- ◆13　懐徳堂の至宝―大阪の「美」と「学問」をたどる―　　　　　　　　　　　　　　　湯浅邦弘
- ◆14　ロボットからヒトを識る　　　　　　　　　　　　　　　　　　　　　　河合祐司・浅田　稔
- ◆15　精神と光彩の画家　中村貞夫―揺籃期から世界四大文明を超えて―　　　　橋爪節也・竹中哲也
- ◆16　鉱物―石への探求がもたらす文明と文化の発展―　　　　　　　石橋　隆・澤田　操・伊藤　謙
- ◆17　佐治敬三"百面相"大阪が生んだ稀代の経営者　　　　　　　　　　　　　　　　　松永和浩
- ◆18　EXPO'70　大阪万博の記憶とアート　　　　　　　　　　　　　　　　　橋爪節也・宮久保圭祐
- ◆19　乙女文楽―開花から現在まで―　　　　　　　　　　　　　　　　　　　　　乙女文楽研究会
- ◆20　徴しの上を鳥が飛ぶ　　　　　　　　　　　　　　　　　　　　　　　　永田　靖・山崎達哉
- ◆21　ちんどん屋―宣伝・広告と芸能のハブとなる生業―　　　　　　　　　　　　　　　山崎達哉